痛みの分離から
統合へ向かう人の
進化のテクノロジー

THE MENTAL MODEL

ザ・メンタルモデル

由佐美加子
天外伺朗

内外出版社

まえがき

本書に興味を持ち、手に取ったあなたは、きっと意識がある程度開きかけていると思われます。

競争社会に少し疲れ…社会的名声や富を求めてしゃにむに働くことに疑問を感じ始めている……。あるいは、経済合理性ばかりを追いかけるいまの資本主義経済の在り方に、ちょっぴり違和感を覚えている……、もっと人間として本質的な、宇宙の摂理にぴったりの生き方があるのではないか……。

もしあなたがそういう感じを持っていたら、激烈な競争社会の中で働いていても、心はいまの社会の価値観とは少しずれ始めています。あるいは、若者の中には、もう競争社会から離れて、もっと自由な生き方をしておられる方も数多くいらっしゃると思います。

多くの人が、心の底では、もっと別の光り輝く人生があるのではないかと、ほのかに模索しているのです。

ところが、そういう人たちにも「不本意な現実」は、容赦なく押し寄せてきます。本書をよく読んでいただくと、「不本意な現実」は、自らの心の奥底に秘められた一種の歪みが要因だ、ということをご理解いただけるでしょう。

ほとんどの人は「不本意な現実」は外部からやってくると錯覚して、一生懸命に外部に働きかけます。ところが、いくら努力をしても自らの歪みに直面しない限り、また同じような「不本意な現実」が絶え間なく押し寄せてきます。

そうして、次々に押し寄せてくる「不本意な現実」と解決なき泥沼の格闘を続けて、「大変だ、大変だ」と死んでいくのが、いままでのほとんどの人の人生でした。それは、社会的な成功を収めたからといって解決することではありません。

これが「怖れと不安」にドライブされた「分離」の状態といわれる人生です。いままでは、ほとんどの人がこの「分離」にあり、その中での社会的成功を目指していました。周囲がみんなそうなので、その人生が不自然であることには、誰も気づきませんでした。

本書は、この「分離」状態に、何となく居心地の悪さを感じている人々が、その次のフェーズである「統合」の人生へ飛躍するためのガイドブックです。

私たちは生まれた時に、母親との大切な絆である「へその緒」を無残にも切られてしまいます。赤ちゃんの誕生は祝福されますね。でも、本人にとっては、母親との悲しい別離なのです。胎児にとって母親は宇宙のすべてだったので、誕生により宇宙との「分離」感覚が芽生えます。

深層心理学では、これを「バーストラウマ（母親の子宮を強制的に追い出されたことによる誕生の精神的外傷）」と呼びます。

キリスト教では、人間はエデンの園にいた時に、神のいいつけに背いてリンゴを食べてしまったので、誰しもが根本的な罪、「原罪」を負っていると説いています。心理学者は「原罪」とは「バーストラウマ」のことだ、と説明しています。

どうやら私たち人間は、誰しもが生まれながらに「分離」を背負っている存在のようです。「分離」は自己否定の源だし、人生の上でのありとあらゆるトラブルや悩みの大元だといわれています。

アメリカ・インディアン[*1]の部族には、断ち切られたへその緒のかわりに、呼吸で「母なる大地（mother earth）」につながりなさい、という教えがあります。吐く息で自分の想いを母なる大地に伝え、吸う息で母なる大地の想いを受け取る……へその緒に代わって呼吸が母なる大地との絆になる、というのです。これは坐禅などの仏教の教えにほのかに通じますね。じつは、あらゆる宗教のあらゆる修行法は、「分離」から「統合」への方向性を含んでいます。

本書は、共著者の由佐美加子さん（以下では〝みいちゃん〟と呼ぶ）が発見した**「4つのメンタルモデル」**という分離の深層構造を意識することにより、誰でも「内的統合」に向かえる方法論をご紹介します。一般的に使われているメンタルモデルとは、認知心理学の用語で、現実を認知する前提にある思い込みや既成概念を意味するものです。この本における「メンタルモデル」は、人間が幼少期に体験した痛みを切り離すために「自分もしくは世界とはこういうものだ」と無意識に決定づけたその人固有の最も深いところにある信念という捉え方をしています。これはみいちゃん独自の定義によるものです。深遠で高尚な感じがする宗教とは違って、これは理解すれば誰でも統合に向かえる汎用的な「テクノロジー」だ、とみいちゃんはいいます。

宗教は2000年以上にわたって、様々な修行法を工夫してきました。それに比べて本書でご紹介する方法論は、極めて明快、シンプルで、しかも誰でもすぐに成果が出ます。これは、人類の精神発達史上画期的な出来事ではないかと思います。これから「内的統合」のレベルに達する人は圧倒的に増えてくる予感がします。

「内的統合」を達成するというと、多くの人はあたかも聖人になる、あるいは仏教でいう「悟り」を開くような変容かと期待しますが、それは誤解です。ここでいう「統合」は、深層

＊1　アメリカの先住民公民権運動家として知られるデニス・バンクスのAIM（アメリカン・インディアン・ムーブメント）など、米国でも本人たちがインディアンという言葉を使っているため、本書では「インディアン」と表記します。

心理学では「実存的変容」と呼ぶ変容であり、方向性は同じですが本格的な「悟り」からは、まだまだかなり手前のレベルです（〝小悟〟あるいは、〝見性〟と呼んで、悟りに含めて説く仏教者もいます）。

人間の意識の成長・発達に関しては多くの研究があり、発達の階層構造も様々に提案されています。そのすべての説で共通に、あるひとつの飛び越えなくてはいけない大きなギャップ、ないしはステップが説かれています。それが、この「実存的変容」です。[*2]

本書の読者は、そこまでは比較的簡単に到達できると思いますが、人間の意識の発達、あるいは魂の成長は、まだその先にも長い道のりがあることをご承知おきください。

「実存的変容」は、親、会社、社会など外側からの期待に応えて痛みを避けようとして生きている人生（みいちゃんはこれを「適合」のレベルと呼びます）から、自らの魂の根源的な要求に沿った現実を自由に創造する人生への変容です。「怖れ」で駆動された人生から、「愛」の人生への変容ともいえます。

「悟り」に比べると小さなステップなのですが、一人ひとりの人生にとっては極めて大きな飛躍になります。

たとえば、心と体の関連性を追求して心療内科という分野を開拓した池見酉次郎医師（１９１５－１９９９）は、患者の「実存的変容」により癌の自然退縮が起きることを発見しておられます（医学関係では実存的転換という言葉が使われています）。癌患者のセルフ養生にも本書の方法論はとても有効と思われます。試してみられることをおすすめします。

天外は、「実存的変容」があらゆる人の人生にとって大きな課題であり、病気はそのチャンスだ、という認識のもとに、医療者が患者の「実存的変容」を密かにサポートするという医療改革（ホロトロピック・ムーブメント）を23年間にわたって推進してきました。

名経営者といわれるような人は、往々にして重篤な病気を克服した体験があります。これは、病気により「死」と直面した結果「実存的変容」を起こしたと解釈されます。

天外は14年にわたって「天外塾」という経営塾を開講してきましたが、基本的には塾生の「実存的変容」をサポートする、という塾です。最近では、生き方塾の様相が強くなり、経営者以外の受講が増えています。みいちゃんにも講師をお願いして「由佐塾」というのも開講しております。

さて、「実存的変容」という学術用語は少し硬い感じがしますので、以降は〝「分離」から「統合」へ〟という表現で統一したいと思います。ちょうど社会全体も「分離」から「統

＊2　深層心理学では「シャドーの統合」、ケン・ウィルバーの初期の成長モデル（K．W2）では「後期自我」から「成熟した自我」への変容、スパイラル・ダイナミクスでは「ティア1、生存のレベル」から「ティア2、存在のレベル」へ、R・キーガンの発達段階説では段階4から5へ、天外は「無意識レベルに潜むモンスター（葛藤）のエネルギーに駆動された人生」から、「真我（アートマン＝基本特性は『無条件の愛』）のエネルギーが使える人生」へ……など）

合」に向かっておりますので、この表現がピッタリくると思います。

詳細な説明は本文（10章）に譲りますが、はじめにメンタルモデルの項目だけを挙げておきます。これらは、母子分離で負った「痛みからの分離」のエネルギーに貼られたラベルだと考えられます。

メンタルモデル

Ⓐ「価値なし」モデル（私には価値がない）
Ⓑ「愛なし」モデル（私は愛されない）
Ⓒ「ひとりぼっち」モデル（私は所詮ひとりぼっちだ）
Ⓓ「欠損・欠陥」モデル（私には何かが足りない・欠けている）

誰しもがこの4つの痛みは共通して持っていますが、その人が保持するメンタルモデルはひとつに絞り込むことができます（10章）。メンタルモデルというのは、生存適合システムという人間にとって、パソコンでいえばまさにOSに相当する部分に大きな影響を与える一種のプログラムのようなものであり、その人のあらゆる発想、あらゆる言動は、どうあがいてもそれから逃れられないのです。

メンタルモデルが積極的に何かをコントロールするわけではありません。本人が痛みをそのまま直に感じることは怖く耐えがたいので、誰しもが反射的に目を背け、痛みを回避するための行動に邁進する、という形で人生が自動的に制御されているのです。痛みが再来する「怖れや不安」に支配された人生といってもいいでしょう。回避行動には「逃避」と「克服」のふたつの方向性があります。

「克服」の回避行動は、「分離のエネルギー」を「戦いのエネルギー」に昇華して、社会の中でのし上がっていくという方向性もあります。その人は「戦い続ける人生」を歩むことになります。「Ⓐ価値なしモデル」の多くは、こういう「克服」の仕方をします。いまは圧倒的に「分離」に生きている人が多いので、争いや競争が激しい社会になっています。また、「分離のエネルギー」が強い人ほど不安や怖れから回避行動に駆り立てられ、達成意欲や自己証明に走るために、社会的な成功を収めやすいという傾向があります。

「分離」というのは、自分の内側にあるわけで、それから逃れようと外側にいくら働きかけても、なくなるものではありません。結果的に、その人は社会的に成功したにもかかわらず、相変わらず漠然とした「怖れと不安」にさいなまれ、さらなる「戦い」に駆り立てられていく人生になります。これが「分離の人生」です。

いままで多くの人が「社会的な成功」の方法論を説いてきましたが、そのほとんどが「分離の人生」の教えでした。「分離」したまま社会的成功を達成する方法論です。

本書では、**その一歩先にある「統合した人生」への道をお伝えします。「怖れ」、「不安」、「戦い」、「努力」の人生から、「愛」、「調和」、「平安」、「幸福」な人生への変容**です。

もちろん、「分離のエネルギー」を上手に「戦いのエネルギー」に昇華することができずに、「逃避」の方向に行って、引きこもりやうつ病になっている人にとっても、本書の方法論はとても有効だと思います。身の回りにそういう人がいたら、是非紹介してあげてください。

「分離」から「統合」への意識の変容には、頭（顕在意識レベルの思考）で理解しても、何も動きません。無意識（普段の生活では触れることのできない潜在意識）レベルへのアクセスがどうしても必要になります。

第1部に「由佐塾」における、みいちゃんと塾生のやり取りをそのまま載せます。これは少し冗長に感じられるかもしれませんが、みいちゃんが「感じる」ということを通じて丁寧に無意識レベルにアクセスしていく様子をじっくりと味わってください。

みいちゃんは、人生の旅路には典型的なパターン（ライフ・タペストリー）があるということも発見しています（2章）。みいちゃんと天外の赤裸々なライフ・タペストリーを

12章、13章に載せます。ご参考になれば幸いです。
本書は、セミナーにおける実録をそのまま掲載していますが（3〜9章）、これがみいちゃんによる「紐解き」による意識の変容です。

それとは別に天外は、この「メンタルモデル」という概念に基づき、誰かに紐解いてもらうのではなく、自分で瞑想して「スートラ（祈りの言葉）」を繰り返し唱える、という方法論を開発しました（14章）。こちらは、10年間ですさまじい発展を遂げ、最終的には「あけわたし瞑想」になり、14章は全面的に書き直しました（6刷より）。「メンタルモデル瞑想」→「あけわたし瞑想」の推移は、『あけわたしの法則』（2024年、内外出版社）に詳しく書きました。
天外が意識の変容について一般的に書いた『実存的変容』（2019年、内外出版社）と、みいちゃんが内的統合のためのワークを体系化した『ザ・メンタルモデル　ワークブック』（共著、2021年、オオルリ社）と併せてご参照ください。

本書が、読者の皆様の人生に大きな輝きをもたらすことを願い、またひとりでも多くの方々の手に届きますよう祈っております。

天外伺朗

C. ひとりぼっち	D. 欠陥欠損
「所詮自分はひとりぼっちだ」人が去っていく、離れていく、つながりが絶たれる分離の痛み。	(こんなにやっても)「やっぱり自分はダメだ」自分には決して埋まらない決定的な欠陥がある。
■所詮、人はひとりで生きているという**孤独感** ■人は**いなくなる**し、**去っていく**ものだという**割り切り** ■**来るもの拒まず、去る者追わず** ■人に過剰に**入れ込まない、執着しない** ■**人の目は気にしない**で自分がやりたいようにやっている ■集団の中では**個性的で一匹狼**だ ■人間が**面倒くさい**と感じる ■**何にも制約されずに自由**に生きたい ■誰にも決して**従属しない、縛られたくない**、人も縛りたくない ■**「好きにしたらいい」**が口癖 ■人は何もしてくれなくていい。**いてくれるだけでいい**と思っている ■自然や動物など非言語の**感じられる世界が好き**	■自分は何か足りない、**出来損ない**だ、ポンコツだという**漠然とした自己不信** ■**とにかくすぐ不安になって落ち着かない**「ここにいていいのか?」「私は大丈夫か?」 ■**表に立つよりも裏**で采配する ■不本意な出来事があると自分のせいだと自分を責めてしまう、責められた感じになる ■他者と比較して自分の**至らなさ**が気になる ■**不安から行動しがち**なので**やることが増える** ■**要求されると**できないんじゃないかと**不安になる** ■なかなかモノが捨てられない ■**人の役に立とう**とする ■実は**隠れていろいろ努力**している ■安心していられる居場所を求めている
常に自分や人、世界を割り切って捉え、決してなくならない孤独を抱える。	人の中で安心して自分でいられない。心の平安がない。
人が命の全体性の一部を担っている、その一部として生かされている、というワンネスの感覚の中で誰もが自由に自分の人生を生きている世界。	凸凹のままで人は完全で、誰もがどこにいても内側に何があっても、ありのままで安心して存在していられる世界。

メンタルモデル類型

	A. 価値なし	B. 愛なし
痛み・繰り返される不本意な現実	(こんなにやっても)「やっぱり自分には価値がない」何か価値を出さないと自分の価値は認めてもらえない。	(こんなにやっても)「やっぱり自分は愛されない」自分のありのままでは愛してもらえない。
特性と特徴的なキーワード	■人に**価値を出せなければ自分はいる意味がない、いる価値はない** ■成果を通して自分の**価値を認めてもらいたい** ■**人からの期待に応えたい** ■**人からの評価や承認**が大事 ■**意味のあること**以外やりたくない ■できるのに**頑張ろうとしない、やる気がない人が理解できない** ■できれば**有能で価値を出せる人と一緒にやりたい**、働きたい ■何かを良くしていく**課題解決が得意**で、どうしたらいいかをすぐ考える ■**休まず動き続けてしまう、何もしないことが耐えられない** ■勝てないゲームはしたくない。**確実に勝負できる**ものを無意識に選ぶ	■恒常的な「**寂しさ**」があり、**つながり**を失って**一人になってしまうのが怖い** ■**人に与えてばかりで疲れてしまう**傾向がある ■**思うように愛されず**に失望したり、搾取されてる感じになる ■**真実を明かして欲しい**し、**受け取って欲しい** ■**ありのままの自分では愛されない**と思い込んでいる ■本当のことを人と**分かち合いたい** ■**相手を不快にさせる言動**はできるだけ避ける傾向がある ■問題があるときは**ちゃんと話してわかり合いたい** ■大切な人との**つながりは自分から一方的に切れない**
代償	他人軸で生きるため、自分がなくなる。	人に過剰に尽くして自分の真実を生きれない。
創り出したい世界	何ができてもできなくても、自分はいるだけで価値がある、誰もがいるだけでいいと認められる、存在する価値ですべての人の価値が認められている世界。	誰もが自分を無条件に愛し、真実からありのままを受け入れられ、理解し合える関係性で人間同士がつながっている世界。

自己統合期	直面期	適合期
●内側に意識を向け、生存適合システムに自動的に突き動かされていたときに、なかったことにしていた／見ようとしてこなかった自分の内側に本当に「あること」に気づき始める。 ●自分の内側で分離していた（切り捨てていた）自分を取り戻し、「あるものすべてがただある」と内側で判別や評価をやめて自分の器にある分離を統合する。 ●統合した器の中で本当に自分がもたらしたい世界が何だったのかを思い出し、生存適合システムの不安・恐れを起点とする人生を終わらせる。	●メンタルモデルから無自覚に創り出された、それまで人生を動かしていた生存適合システムが限界に近づいていく。 ●外側で不本意なことや不快なことが起きる、もしくは勃発する。それを無視したり修復したりして必要な気づきが起きないままだと、破綻や崩壊、病気になる、など危機的な事象へと徐々にエスカレートしていき、自分に向き合わざるを得なくなるところまで追い込まれる。	●「この世界にあるはずだったものは“ない”」という欠落・欠損の「痛み」の体験からメンタルモデルができる。 ●自分の生きる社会環境で受け入れられる自分になろうとダメな自分を克服しようとするか、隠して切り離す。 ●痛みに触れないために期待や要求に応え、適合し、能力を向上させていく。 ●外側の規範や軸に合わせた幸せや成功、安定を追い求め、自分の内側にあるものと切り離される。 ●そこそこ悪くない人生、がこの時期でたどり着ける上限。
抑圧していた自分、なかったことにしていた自分を取り戻し、「本当はどう生きたかったか?」「本当は人生に何が欲しいのか?」を思い出して本当の自分につながる。	何かむなしい、満たされない、もう無理だ、うまくいかない、でもどうしたらいいかわからない…といった内的葛藤が起こり、自分を見つめ直すしかない状況になる。	どうしたらうまくいくのか?というhow toと能力の拡大。どんなにポジティブに正当化しても、実際には痛みの逃避か克服の行動しかない。

	自己表現期	体現期
どんな時期か	●自分が信じる世界を外側の世界で分かち合うことで外側にその世界が現実として拡がっていく。 ●その生き方や表現されたものが、他の人や社会への価値・可能性・光になる。 ●喜びと可能性から自由に自分を表現し、現実はすべて自分が体験として創り出しているという認知から生きている。	●他者・世界に対する要求や期待に縛られる自分を手放し、望んでいる世界・生きたい世界を自分の人生で生きる、という覚悟ができる。 ●自分の内側にある見たい世界を、自分自身がすでにあるものとしてそれを生きて体現する。その世界が実在することを現している器となる。
主な行動	自分が信じる世界を表現して分かち合う。他の命への貢献であり、喜びとなる唯一無二の自己表現を追求する。	内側の声を真に受けて、自分の生きたい人生を生きる、と意志を持って望む世界を体現し始める。偽りで維持してきたものを手放す。

もくじ

3章　「正しい自分」からの卒業、刺青は解放の象徴……41

第2部 「分離」から「統合」へ ―― 基本的理解と実践法

カバーデザイン　小口翔平＋岩永香穂（tobufune）
本文デザイン・ＤＴＰ　小田直司（ナナグラフィックス）

第1部 由佐塾の実録

1章 イントロダクション

天外伺朗

２０１５年6月、みぃちゃん（由佐美加子さん）のワークショップが、宿泊施設「フフ山梨」で開かれました。この年より「ホワイト企業大賞」が始まり、企画委員がそれぞれセミナーを開くことになったのです。

みぃちゃんのワークは、ＮＶＣ(Non Violent Communication)という共感をテーマとしたコミュニケーション法から始まって多岐にわたるものでしたが、天外は本書でご紹介するメンタルモデルに基づいて個人の内面を紐解いていくやりとりに衝撃を受けました。塾生の人生に起きている「不本意な現実」を聞き、機関銃のように質問を発して、それがなぜ起こっているのかを解明し、その人固有のメンタルモデルを探り当てるのです。いままで自分の外側にトラブルの原因があると思っていた塾生は、自らの深層意識構造がすべての要因だと知ってびっくり仰天でした。分析を希望する人が殺到し、ワークは帰りの電車の中まで続きました。

その後みぃちゃんはホワイト企業大賞企画委員を退任されましたが、特にお願いして翌年から天外塾の中で「由佐塾」を開講していただきました。

以下に示すのは、２０１８年6月22日（金）、東京六本木の国際文化会館で開かれた第4期「由佐塾」第4講の様子です。みぃちゃんと塾生との対話では、「感じる」ということを通して、塾生が無意識からの声に耳を傾けることを誘導しています。ところが塾生は「思考の世界」で生きて来たので、その誘導に反射的に抵抗します。対話は、みぃちゃんの辛抱強い誘導と、塾生のほのかな抵抗の応酬です。

実際の対話は、心地よいテンポと、みぃちゃんの声色に含まれる、あふれるような愛情があり、緊張感と心地よさにあふれた素晴らしい「場」ができていました。ところが、こうやって活字にしてしまうと、リズムも愛情も飛んでしまいます。

もうひとつのポイントは、みぃちゃんは機関銃のように質問を発し、塾生の感情の揺れを注意深く観察していることです。その場にいる私たちも、塾生の感情の揺れがわかります。ところが、活字にしてしまうと、塾生の感情の揺れはほとんど伝わってきません。やはり人間のコミュニケーションの中で、言語以外の情報交換がとても大切なことを痛感しました。


そういう様々な制約がありますが、以下に掲載した由佐塾の実態は、とても貴重な内容を含んでいます。本書の第2部では、メンタルモデルに関連する人間の深層意識構造、「分離」から「統合」に向かうための方法論について、論理的に記述しています。

それに対してこの第1部では、みぃちゃんと塾生の対話をそっくりそのまま載せましたので、回り道だらけです。でも、その回り道にこそ、とても貴重な情報が含まれています。

ほとんどの読者は、やはり思考の世界で生きて来たので、自らの内面と向き合うことが苦手でしょう。対話の回り道は、あなたが思考の呪縛から逃れる助けになると思います。

2章

人間の意識の成長・進化のモデル

【解説】

セミナーの冒頭で、みいちゃんは独自の人間の意識の発達段階モデル（ライフサイクル論＝ライフ・タペストリー）について語りました。

1　適合期

外にある世界に必死になって適合しようとしており、その状態に安住している段階。この世界でどう自分が受け入れられるか、愛されるか、が最大の関心。あるべきはずの「愛」や「つながり」がないという体験が必ず起こり、それ以降、その無自覚な痛みに触れないように懸命に外側に働きかけている状態。社会的な成功を収めることもありますが、「怖れと不安」に駆動された終わりなき戦いが続いています。知らない間に「不本意な現実」が着々と創りだされていますが、自分のやっていることを美化したり正当化したりしているので気づいていません。

2　直面期

生命の源からの声を無視して、ひたすら外側に同じ行動パターンで働きかけることから生み出される不本意な現実が許容範囲を超え、限界に近づいていきます。不本意な現実の深刻度がエスカレートして、一見すると破綻しているように見える現実に直面することもあります。ほぼ同じことを、アウシュビッツの体験を書いた『夜と霧』で有名なヴィクトール・フランクル（1905－1997）は、「実存的危機」と呼んでいます。

3　自己統合期

自分の生き方の限界に直面することでずっと外側に向かっていた意識が、自らの内面に向かい、自分を見つめ直して「内的統合」へ向かうプロセスが始まります。

4　体現期

気づきがくり返されることで「内的統合」が進み、何かが外側に「ない」と思い込んでいた信念が内側で認知され、欠けていると感じていた「愛」や「つながり」は自分の内側にあったことに気づきます。それが本当は内側にある、と感じられると、内的充足が進み、その人の在り方から外界に自然にそれがにじみ出て、周囲はその人の存在からそれが確かにあることを現実として感じとれるようになります。

5　自己表現期

メンタルモデル固有の本来自分がここに生まれて創り出したい世界は何だったのか、というミッションに目覚め、その在り方からその人が日々生きることが周囲の人や世界の進化を促していきます。

由佐「人間がどう進化しているのかという仮説の構造があるんですけど。ちょっと、それを共有したいと思っています。人間って、最初に、体がまず、肉体的に親から分離しますよね。で、自我というのが芽生えて、私という概念ができた瞬間に、私対世界という、世界との分離が起こるんですね。基本的には、分離をしているという状態ができあがった瞬間に、次にやってくるのは、痛みです。肉体が分離しているから、当然、そこに刺激がきて。そこにすべてあるはずだった世界に、何かが欠けている、という感覚が出てくる。本当は、この世界は愛に溢れていて、繋がりに溢れていて、すべてが満たされているはずなのに。体験を通して、〝何かがない〟という世界が現れます。これが、肉体的に分離されている個体として自我をもつ人間の宿命だと思っています」

1　適合期について

由佐「生まれてから前半の何十年かを『**適合期**』と私は呼んでいます。何かが〝ない〟にに生きるという時期が長いんですよね。何がないかというと、愛か、つながりか、どっちかがない、という感じなんですけど。ないというのは、世界にあるはずのものがない。親が愛してくれるはずだったのにないとか、つながりがあるはずだったのにないとか。本当は自分の存在全部が愛される無条件の愛があると思っていたのに、すごく条件づけられたとか。何かが『ない』というのがあって……。『ない』という世界の体験が、人間の痛みを生んでいます。この本当の裏側には、その人が、あるはずだと思って生まれてきたのは何か、ということを示唆しているんです。あるはずの世界が、この裏にくっついているという感じになっています。

『適合期』は、結構長いんです。人生に、この世界にあるはずだと思いたいのに、それがないのが、痛い。痛みを回避するために、回避行動と呼んでいるものに走ります。この痛みが二度と起きないように、克服しよう。あるいは、その痛みから自分を切り離すために逃避、もしくは、割り切る、みたいに感じないようになかったことにして痛みを回避する、といった回避行動が生まれて。

克服行為によって、人は、能力が上がっていきます。これが、基本的に、世の中で最も奨励されている『努力』っていうやつです。逃避は、『そんなもんだよね、世界は』っていう悟ったような諦めや皮肉、割り切りで痛みを切り離します」

2　直面期について

由佐「このフェーズを越えると、次に何が起こるかというと、『**直面期**』というのがあると思っています。『直面期』というのは、適合の時代に、自分が痛みを回避するためにやりつくしてきた回避行動から生み出される現実が、自分が望んでいる世界ではない、ということに直面する時期。

これは、人によっていろいろ違うんだけれども、簡単にいうと、もうこのままこれを続けても限界だ、と感じるいろいろな事象が、この直面期に起こります。だから、家族の関係性がうまくいかなくなったりとか、病院とか会社の経営がうまくいかなくなっちゃったりとか、誰かが病気になったりとか、自分が病気になったりとか、事故を起こしたりとか、いろいろあります。

ここの直面期になると、初めて人間は外側で回避行動に駆り立てられている世界から、内側の世界に意識が向くんですよね。俺は一体何のために生きている？　仕事してる？って考え始める……。どうしてこういうことが起きちゃっているのか、というふうに、内省できるチャンスがやってきます。この直面期が、けっこう人生の危機のように感じる時期だったりします。そういう人がいっぱいいますね」

3　自己統合期について

由佐「内省をする時期がやってくると、今度は、『**自己統合期**』というのに入るんですね。私は、このフェーズにきた人にしかご縁がないという人生なんですけど……。自己統合期というのは、外側で、本当に欲しいものはないよね、という痛みを何とかうまくごまかしながら、『ない』という痛みを避けていこうという世界じゃなくて、本当は何が内側であるはずだと思っているのかという自分の中に『ある』本当の真実に繋がるという時期。これを自己統合期と呼んでいます。

私の場合は適合期は、外側にすべてはひとつにつながっているという世界が『あるはず』だったのに、ズダズダに分離されたという体験です。本当に自分を愛してくれているはずの人は、皆、いなくなる、みたいな感じの絶望なんですけど。この自己統合期は、自分の中に本当はずっとあった、『自分は本当はどういう世界をここに望んでいるのか』ということを思い出していくフェーズなんですね。

思い出すために何をしないといけないかというと、適合期で作った、ある・ないとか、良い・悪いとかっていう、自己分離を超えていくという。だから、いい・悪いという世界、正しい・正しくない世界、二元論の世界が内側にあるんですけど、それを超えて、あるものが全部、本当にただあっていい、というふうに、内側で判別や評価をやめて自分の器にある分離を統合していく。

その統合した器の中に本当に自分がもたらしたい世界が何だったのか、という世界がある。だから、適合期で、『愛がない』というメンタルモデルを作った人たちは、〝世界には本当は愛しかない〟ということを、自分の内側で、自分のすべてで、納得していく。自分の内側にあるすべては愛である、ということを思い出す。こういうプロセスです。

この過程はひと言では説明できないジャーニー(旅)のようなものですけど。このジャーニーをみんなで進んでいる、というのが、だいたい、いつも、こういう場(由佐塾など)でやっていることなんです」

4　体現期について

由佐「次に何が起こるかというと、『**体現期**』というのが起こります。本当は内側の世界にすでにある、そこから外側の世界を生きるということ。だから、愛はあるよねという世界が、自分の内側にできる。その世界が、内側に当たり前のようにあって、そのある世界がその人の器の中で体現されているという状態になると、外側にその影響が出ます。その人が存在しているだけで、その世界はある、と皆が感じられるようになります」

5　自己表現期について

由佐「この体現期が来ると、この後、『**自己表現期**』というのがあって。内側にある世界を外側の世界で不安や怖れを超えて分かち合うということ。その人が表現することで、その内側に既にある世界が外側の現実の世界に作り出されていくというふうになっていきます。

いま話したプロセスのどこかにいるんですよ、私たちは……大人になってからね。だいたい、こういうところ（由佐塾）に来るときは、直面期か自己統合期のあたりにいます。

人は誰もが〝自分がこの人生で見たい世界〟、今生のミッションみたいなものをそれぞれ持って、魂のレベルで決めてきているようなのです。この世界に生まれて自分が見たい、そのあるはずだった世界は幼少期に必ず、それはない、という体験をします。で、その喪失の痛みの裏にある『本当はこれが世界にあるはずだ』を、自己統合期を経て思い出し、それがある世界を自ら生き、そこから表現することで、そのあるはずだった世界が自分の現実に現れてくる、という仕組みになっています。

いま、なんで人間がこんなにも生きにくいかといったら、生きる上でもともと決めてきた人生の目的がある、という前提に、まず、立っていないんですよね。私たちは、生まれて、外側に既にある世界に適合することを求められて、期待に応えているだけで精一杯。期待に応えているうちに、自分がここに何をしにきたのか忘れちゃう。

期待を満たしてその期待に応えられたら愛される、価値を認められる、と思っているんだけど、何をしても一向に満たされず、どこかで不安と虚しさみたいなループをずっと回っている……。本当は、一人ひとりに固有の人生のデザインがあり、人生の目的も持っていて、それをこの世界にもたらしにきているんだよ、ということがわかると、その人の在り方と、自分が本当に命として何を全うしたいのかということが自己一致するんですね。そうすると、その人の存在そのものがすごく変わる。基本的に、この、適合期から自己表現期のプロセスのどこかを、いまここに集まっている皆さんは通っています」

適合期から自己表現期に至る道のり

由佐「無自覚に、この世界に適合して生きるためには何をしないといけないと思っているか、という適合期に作り出した自動システムがあるんですね。その大元にある信念を『**メンタルモデル**』と呼んでいます。何かが欠けている、という欠損の痛みから作られています。そのメンタルモデルからの痛みの回避行動をどういうふうにやっているか、というのがその人の人生のすべてです。結果、自分は、何を痛みとして補い続けて生きているのかということに気づいてもらうというのが、この場の課題です。このシステムがわからないと、基本的に、いま話したことをずっとやっているだけだから。統合に進めないんですよね。何か、質問ありますか？」

塾生1「永遠に適合期という人もいるんですよね？」

由佐「いる、いる。いますよ。永遠にというか、そういう人たちは、限界がくるまでやり続けるから、すごいスタミナなんですよ、ある意味……」

塾生1「自分もなんかそんな気が……、ずっと適合期なような……」

由佐「適合期にある人たちは、『悪くはない』という世界です。生きていて、そこそこ悪くはない、という人生なの。ただ、自分の人生を全うしているという感じにはならないから。楽だし、快適だし、悪くないよね、というのがあるし。適合期を生きてても、社会的には成功できるから。本当に、自分が何をしにここにきたのか思い出せない。だから、社会システムの部品のように､役割や責任として求められている機能を果たして生きている。要は、適合の世界で生き抜いている。

ソース（源）というのは、基本的に、命の源につながり直すことです。思い出す、というのは、自分の命につながり直すということなんですね。適合期が牛耳っているのは、思考の世界なんですよ、全部……。思考と思考で世界を判別し、区分する世界が、全部、牛耳ってて、『どうしたらうまくいくか？』をひたすら考えている。

自己統合は､良いも悪いもなくて､自分の中に〝何があるのか〟をただ認める､という世界。ひたすら〝感じる〟ということです。ここを統合していくと、本当の意味で命につながって体現できる。要は、感情と思考が統合されて知性になるということですよね。そうなると、人間として進化するんですよね。これが、人間が本当に発達していくことだと思っています。本当に、自分が見たかった世界を、自己表現期で世界に表現できるのが、たぶん、その人にとって、一番の幸せなんです……。それが、本当は天命のような本当の仕事を作り出すことだって思っているんです。与えられた部品の何かを担うんじゃなくて、その人が、この世界で作り出したいと思う、自分が見たい世界を生きて、それを表現できるようになるというのが、本当は、世界の平和や調和を生むんじゃないの？　という仮説があります。

人生の目的をどうやって紐解けるかっていうのを、あれやこれやと、いろいろ探しているという感じです。人生の目的がわかると、すごく面白いですよね。たぶん、皆さん、このどこかにいるんだけど。適合期で満足していたら、ここ（由佐塾）にはいないんですよ、絶対。だって、満足だから。日常的に、その中で回っていれば良いから。皆さんがここに来たのは、何かを感じていて、何かに惹かれて、自己表現期の方向に動いているはずなので……。

だから、それは何かというのを捕まえられると、命の流れがわかるよね、という。これを紐解くと、すごくきれいにできているんですよね、人間って。人生って、すごい！　適合期で、過酷な体験をしている人たち、いっぱいいるんですよ。家庭に愛がなかったとか、虐待されているとか、捨てられたとか、いろいろあるんですけど。でも、その痛みを担う理由がすごくあるんだね……、というのが、これをやっているとよくわかるんです。だから、人生って、とても美しくできているなと、私は思っています。

痛みを回避するために、社会は教育するんだけど。痛みこそが、本当の意味では、糧なんですよね、私たちの自己表現の……。痛みをどう紐解いていくかというのは、すごい技術だから」

3章

「正しい自分」からの卒業、刺青は解放の象徴

【解説】

この章では、社会的には十分に成功しておられる塾生1さんが、みいちゃんとの対話を通じて「正しい自分」という適合期に作った鎧に気づいて、解放されていくプロセスが示されます。サーファーのお兄ちゃんの入れ墨にあこがれるなど、以前より自由を求める情動を感じていた、というのがミソです。塾生1さんは、この日を境に大きく変容するでしょう。

セミナーの実録

塾生1「もやもやしていることは、僕は……天外さんが、『そこに何があるの？』という表現が、すごく良いと、前、おっしゃっていたんです。『そこに何があるの』って、何があるか、わからないんですけど……」

由佐「何がいまありますか？」

塾生1「何もないというか……」

由佐「何もなかったら、話していないからね……」

塾生1「そうですね」

由佐「内側に何かがあるから、行動って生み出されているので。命って、常に衝動的なんですよね。内側から湧いてくるエネルギーを外側で表現したい、体験したい、という衝動が、皆、常にあって。それが、体を動かす、話す、いろいろあるんだけど。いま、何かを言いたいと思った、というのが内側にありますよね。その、言いたいと思った、という行為の前に、それを促しているエネルギーが必ずあるわけですよね。

それが、生命、あるいはエネルギーといっているもので。その衝動を感じると、何があるかがわかるわけです。でも、人間って、普通、感じることを、すごく無視していて。しゃべることとしか考えていないの。何を言おうかということしかやっていないと思っているんですけど。何かを言う、という具体的な行動は、内側にあるその大元のエネルギーなくして、生まれようがないんですよね。だから、内省は手前に戻る感じなんですよ、『体の中に何があって、いま、何かここで言いたいという気持ちになったのか』、というところが、すごいポイントなんですよね。

何がありますか？　絶対に知っています。知っているというところに立って、感じてください。『わからない』ってよく人は言いますけど、これすごい言葉のパワーで。わからないというと、ないことになるんですよ、世界の中で。あるでしょ？って。あるよね、という世界って、必ずあるので、感じとれるはずなんですよね。

何がありましたか？　その、何かいま言おう、という手前に。エネルギーが向かう方向性であるベクトルがあって、その先に何か行為や行動がある。このロジックから出られる人はいないので、生きている限り。だって、内なる生命力からしか行動は起こらないから」

塾生1「もう、最初から、考えていくと。天外塾に入った理由とか、そういうことですか？」

由佐「ううん、いま、何があるか」
塾生1「いま現在ですか」
由佐「うん。いま、手を挙げたとき」
塾生1「どうしたら、その領域に入れるのかなと思ったんです」
由佐「それは、思ったことでしょ？」
塾生1「思ったんですね、たしかに」
由佐「思考として、どうしたらその領域に入れるのか。これが思考でしょ」
塾生1「はい」
由佐「その一歩前に何かあります。そのもうちょっと奥に。時間軸でいうと、ちょっと前。何が、どうしたら入れるのか、を作り出していますか？」
塾生1「自分が、人を受け入れられないとか、そういうことですか？」
由佐「その、何がありますか、そこに。自分が人を受け入れられない、というのを感じてみてください。自分は、人を受け入れられないんだよ、と自分に言ったときに、自分の中に起こる反応があると思うんですよね。それが、何か、です。思考は放っておいて、どんな感じがします？　体の中で。自分は、人を受け入れられないんだということ」
塾生1「受け入れられないときは、たぶん、ちょっと、怒りみたいな感じ」
由佐「うん、オッケー。その怒りがありますよね。どっちかというと、悲しみだと思うけど。いや、いいんですよ。怒りと悲しみって、表裏一体だから。怒りの奥は、悲しみだから。それを感じてみたら、何が欲しいと、命はいっています？　人を受け入れられないという自分を感じると、そこに怒りがあるとか、悲しい気持ちになる、もしかしたら。だったら、何がほしいといっています？」

塾生1「そういう人を受け入れられることが欲しいといっているんだと思います」

由佐「うん。受容したいって、いっているんですよね」

塾生1「現実的には、受け入れられる人間になりたいということです」

由佐「そうですよね。だから、受容できる器を持っている人間になりたいというのがありますよね」

塾生1「そうです」

由佐「命から、受け入れられたいと思っているんだね……、というのを理解するじゃないですか。そのあとに何が必要かというと、自分は、自分の何を受け入れていないか？　という問いです。人にやってあげられないということは、自分の何かを、自分が受け入れていないということを教えてくれているから」

塾生1「なんていうんですかね。法律を守るとか、そういうことが、すごい大事な感じ」

由佐「感じてみて。自分は、自分の何を受け入れていないんですか？　です。その答えに、まっすぐに、感じていってほしいんです。頭で考えて、分析しても、何も自分についてはわからない。でも、自分は、自分の何かを受け入れていないでしょって、体に投げてみたときに、体は絶対に何かを答えます。こういう自分が嫌なんだよ、とか……」

塾生1「自分が、こう、誇大表現を自分でするような感じになるのが、すごく嫌だと思っています」
由佐「わかるわかる」
塾生1「大きく見せる」
由佐「大きく見せたいんだね」
塾生1「大きく見せるというのとか。正当……」
由佐「正しく見せたい」
塾生1「正しい人に見せるというか……」
由佐「大きく見せて、正しく見せたいんだけど、というのが外でしょ」
塾生1「そうですね」
由佐「このとき、内側に、何があるんですか？　何が、命の衝動で、自分が大きく見せようという、この行為を作り出すのは何か、というところを見るわけです。普通は、逆なの。大きい人は、大きく見せる必要がないから」
塾生1「そうですよね」
由佐「うん。でも、大きく見せる、正しくあらなきゃいけない、だって何だから？　というものが内側にありますか？」
塾生1「本当は悪い奴だからとか、そういうことですか？」
由佐「それを思考で考えるんじゃなくて。大きく見せたいという、その衝動を、そのまま従ったときに、大元に何があるかは、絶対に知っています。自分でやっているから。自分のことをわかっているということを、まず、受け入れていないんですよ」

塾生1「そういうことですね」

由佐「そう。わからないと思っているの。わかっています、全部。無意識だけどね。言語になっていないけど」

塾生1「それは、親の存在とか、そういうのも含めて、ということですか?」

由佐「ううん。そんなに難しい話じゃなくて。大きく見せたい、を感じてください。だから、いまも、何がバラしたくないかというと、小さくて、正しくないの、バレたくないでしょ?」

塾生1「正しくないとはバレたくないですね」

由佐「うん。大きく見せるがあるんだったら、正しくない、何かが間違っていると言われたくないというのが……」

塾生1「そうです」

由佐「それが、いまも働いているんですよ、命の中に」

塾生1「常に働いているということですね」

由佐「それを、さっきのメッセージを読み解くと、受け入れてよ、と命はいっているわけです。解読なんですよ、命って。解読していくんです、こういうふうに。翻訳していくんだよね。大きく、正しく見せるということをやっている間は、内側に何があるかなんて、感じるわけにはいかないの、わかります？　感じちゃったら、何が起こると思っています？　自分は小さいとか、正しくないとか、何かが間違っているんだろうとかっていうのがあると思ったら、何がありますか？　感情として、何が起きると思います？」

塾生1「悲しい」

由佐「そうだよ。それを回避するために、この行動は作り出されたから！　本当は、人間の欲しいものって、そんなに複雑なものじゃなくて。ありのままの自分でいたかった、それだけなんですよ、皆。無条件で愛されたかったし、そのままでいていいよって言われたかった。そのままでいたかったのに、それじゃだめなんだ、というのが適合期の体験なんですよ、ほとんど全員の……」

塾生1「適合期というのは、例えば、ずっと、そういうふうに感じていたら、40歳になろうが、50歳になろうが、ずっと続いているということ？」

由佐「そうです。だから、わかっていない自分がすごく悲しかったという体験を、絶対にしている、どこかでね……」

塾生1「そうですね」

適合期の痛みを回避するためだけに

由佐「自分だけ疎外されたとか、自分だけわかっていないんだとか、何かの痛みが絶対にあるから……。それが作り出した回避行動が、大きく正しく、いつも人の前で振る舞わなきゃいけないんだ、というふうに自分で思い込んでいる。これが適合期から生まれたんですよね。でも、命に、本当に、そのときに何があったのか？っていったら。わかっていないということで、そのままを愛されなかった悲しみなんですよ。わかっていないのがだめだとされたり、わかっていないということは何か良くないことだと言われた、その痛みが、大きく正しく見せるということを作り出しちゃったというだけなんですよね。でも、いまだに、この痛みで作動しているのがわかります？　いまもわかっていないというのがバレたら大変だと無自覚に思ってる。『私はちゃんとわかってます』と言いたくてしょうがないという衝動が、内側にあるわけですよね。その大元は、適合期で体験した痛みが、再来するんじゃないかという怖れなんですよ。これで、適合期のシステムは、全部動いています。そうでしょ？」

塾生1「適合期のときの体験は、自分では理解できていなくてもいい？」

由佐「ぜんぜんいいです」

塾生1「それは関係ない？」

由佐「だって、いま、作動しているから。いま、それが作動したことがわかっているじゃないですか」

塾生1「はい」

由佐「だから、わかっていないという自分はだめなんだ、そんなことをしたら何々になっちゃうとか、こんなふうに扱われちゃうとか……、何かの痛みとか、怖いことが起こると思っているんですよね、いまだに……。そんなものはもう来ないんですよ、本当はね。そのときは痛かったけど。だけど、そのときに刻まれた痛みを、二度と再生したくないという衝動が、適合期に作ったメンタルモデルのシステムの駆動エンジンなんです。ずっと駆動している。それは、50歳になっても、60歳になっても、死ぬまで駆動するんですよ、たぶん。でも、この自動駆動に翻弄されなくなる方法があって。それは何かというと、自分のこのシステムを俯瞰的に理解する、そのメカニズムがわかる、自覚できることなんですよ」

「すべてはただ在る」という世界に戻る

塾生1「すべての感情が出てきたときに……」

由佐「そのメッセージを、いちいち、いまのように丁寧に受け取って、理解していく。理解って、基本的には、愛なんですよ。人間を理解するというのは、本当に、愛で。それを自分で理解してあげるというのは、自分に対する自己愛なんですよね。どうしてかというと、自分にとっての最善でそれをやってきたから。わかっていない、というふうに扱われたくなかったし、わかっていないと思われたくなかったから、大きく正しく見せる努力をしてくるしかなかった。その中で、自分の命に対してやってあげられることは、その痛みや怖れを隠して、なんとか、大きく正しく見せることで、自分のことを守ったんですよね。それはそれで良いんですよ。ただ、ずっと人生でこれをやり続けちゃうと、何が起こるかというと、自分に本当にあることは抑圧されたまま、無自覚な不安から、大きく正しく見せることしかできなくなっている、という。今度は、縛られる感じになるでしょ。だから、わかっています、ちゃんとしています、正しいことをできますというデモンストレーションで、人生が終わっていっちゃうわけですよね。それが、もったいないから。何がわかっていても、わかっていなくても、自分のありのままで良いという世界を取り戻したいから、このことをちゃんと理解して、統合しようよ、という話なんですよ。無自覚に葬ってきた痛みを自覚するということです。

統合は何かというと、大きく正しく見せる必要はないよね、痛みがあっても良いよね、という、『すべてはただ在る』という世界に戻る、ということです。だって、元々、痛みがあってはいけないなんていう世界に生まれた覚えはないんですよ。だけど、そうだというふうに思いこんだから。もともと、本当は良いんじゃない？　どっちでも。わかっていても、わかっていなくても。それを自分にいってあげられたら、解放されるでしょ？　それが、自己統合。

いまは、わかっていない自分はだめで、わかっている、正しい自分は良いんだ、という発想ですよね。そんなの別に、どっちでも良いですよ、という世界が、統合なんです。どっちの自分も自由に表現できる。だから、それはわからないです、といえる。正しくないことをいっても、ぜんぜん気にならなくなったら、自由になれるでしょ？」

塾生1「そうですね」

由佐「正しさがアイデンティティですよね。正しくないことをやるのが、怖くないですか？」

ハワイのサーファーになぜか憧れる

塾生2「塾生1さんの、これからの行動は、どうなるんですか？」

塾生1「けっこう、天外塾から、由佐塾にきて、変わってきている。変な話ですけど、刺青が……自分でしたいということではないです。ハワイとかに行って、サーファーが、刺青、いっぱいしていますよね。その人たちがいるスーパーに行っていると、ここが僕の居場所だ、と思うときがあるんですよ。やっぱり、こういう、だらっとしている、体中に砂がついていているままスーパーマーケットに入ってきて、それを見て、こんなところにいられたら自分は楽だな、と思っちゃうんですね。どこかで、こういう……なんですかね」

由佐「逸している、だね」

塾生1「悪い人っていう勝手なイメージがありますよね、刺青とか。僕らの世代は入れちゃいけないと思って育ってきた」

由佐「それが正しさなんだね」

塾生1「そう。そういうのを否定する」

由佐「憧れるんだね」

塾生1「そう。憧れるというか、楽な感じがする……。じつは、天外塾で、そういうふうにちょっと感じて。ここが自分の居場所かな？　というふうに、由佐塾に来る前にハワイに行って。ここが自分の住むところかもしれないと思って。本気で、そういうふうに。移住ではないですけど、そういう生活をしようと思って、ですね。そこに行ったら、刺青をしよう、と。そこまではちょっとあれかもしれないけど。なんか……」

由佐「だから、正しさと、自分を正しさに駆り立てて律するのに、疲れているんですよね。それしか、何十年もやっていないから。で、正しい自分は作り出せたし。たぶん、ちゃんと、正しくやれるんだけど。なんか、つまらないなという感じがあるんでしょ」

塾生1「そうですね。つまらないですね」

由佐「そうだよねぇ！」

塾生1「天外塾に来たのも、実は、要するに、僕は、ずっと、学会発表をしていて、論文をいっぱい書いて。すごい成功者みたいなことを、けっこう友だちに言われています。これじゃいけないと。自分のことだけじゃなくて、もっと、皆がうまくいくようにと思って、MBAとかを取って、それで勉強していくと、これはどんどん追い込まれていくなと思って。ホワイト企業っていうのは、どんなものだろうというので検索をしていて、天外塾に至ったんですよ。で、天外塾に行っても、天外さんの元々の本は読んでいないので、皆が思っていることと、僕が感じていることは、やっぱり違っていて。ホワイト企業の、なんていうんですかね……ポジティブサイコロジーの話に関係あるのかなと思っていたんですけど。そのときに、天外さんが由佐塾の話をされたんです。そうじゃなくて、由佐塾で聞くと良いよという話をされて、それで、由佐塾に、と。だんだんと、気持ちがちょっとずつ入れ替わってきて。MBAの話とかは、あんなもん関係ねぇなと思えてきた。やっぱり、どうやったらスタッフが幸せに生きられるのかなと思っていて。それを追求しているところで、ここに来た。そしたら、皆さん、そういう感じじゃないですか……」

由佐「だいたい、そういうタイミングでやってくるんですよね」

塾生1「それで、ここに来たのかなと思っているんですけど。ここに来ても、話を聞いて、すごく気分が良いんです。皆さんの話を聞いて、気分良いなと思って、帰るんだけれども。すぐ忘れるのは、どうしてだろうと思って……」

由佐「だって、だから、覚えている、何か理解できている、があなたにとって正しいんでしょ?」

塾生1「そうですね」

由佐「この世界は、感じる世界に置きたいだけなので、記憶とか、知識とか、いらないんですよ、何も。だけど、意識には必ず何らかの変容は起こるので。そこから、人生は変えられるというのが、時限爆弾のように埋め込まれるだけの話なんです」
塾生1「だから、生態系みたいな感じ。生態系って、先に何かがあって、見えないものがずっと続く……と考えるんです。小さい頃の話ですよ。それで、どんどん、どんどん、進化していって。最終系というのは……もしかしたら理想郷みたいなのは、ないのかもしれないけれども……そういう、こう、本当は幸せな世界がどこかにあるんじゃないかと、頭の中で……」
由佐「作れるからね、人間は」
塾生1「というふうな感じなんですね。だから、何かをやろうと思っても、論理的に理解をしようと思っちゃうじゃないですか、常に……」
由佐「正しいからね」
塾生1「(ホワイトボードの)写真を撮って、後から見ても、ぜんぜんわからない」
由佐「わからなくて良いんだよ。わかるために説明しているわけじゃないから。感じてもらいたいだけなんですよ」
塾生1「そうなんですね」

本当は自分は何が欲しいのか、と問いかける

由佐「その命の流れ。私は、命は流れだと思うんですけど。流れを感じて、自分の人生を

そこから感じ取れるようになれたら、もっと楽になれるでしょ、と思っています。いまみたいに、体験がやってくるじゃないですか。見て、全然わからないなあって。そのことが、自分はどう感じているのかを、感じてほしいだけなんですよね。必要なことが起こるから、必ず……」

塾生1「感じるけど、考えちゃいけないということですよね」

由佐「いけないわけじゃないけど。感じないで考えても役に立たないんですよ。どんなに自分のことを描写して概念的に頭で考えても、何もわからないということを、そろそろ人間は気づいたほうが良いと、私は思っています」

塾生1「そういうことですね」

由佐「分析して考えてもわからない、という世界があるんですよね。でも、自己理解って、これまで、自分をあれやこれや描写して、自分について考えたらきっと自分について何かわかるんだ、ってなってる。

生存の何が快で不快か、ということは、思考で判別されてわかるんですよね。だけど、本当に、自分の奥の命が何を求めているのかという世界は、考えても、絶対にわからないです。

もっとシンプルだし、もっと大事にしたいことって、人間がごちゃごちゃ考えている世界より、もっとずっと深いところにあって。愛が欲しいとか、つながりが欲しいとか、もっと自分の人生を自分らしく生きたい、とか。そういう類のものなんですよ。だから、感じて出てくることとって幼児語みたいな感じのシンプルな情報なんだけど。でも、すごく大事なんですよ、そこが本当はね。だから、本当には、何が欲しいの？　と自分に常に聞いてあげてほしい。常に自分を大きく、正しく見せることに、もう疲れている。だから、刺青をしたお兄ちゃんたちが、良いなって、惹かれる」

塾生1「そうそう」

由佐「惹かれる。その体験を自分が感じて、何が欲しいんだろうって自分に聞いたら、たぶん〝もう、大きく見せて律して生きるのは疲れちゃった〟なんですよ……メッセージは。だから、ゆるめたいし、自分を感じていきたいし、正しくないと思うことをあえてやってみたいなという気持ちがあるよね。これが、自分の理解じゃないですか。それが、素晴らしいと思うんですよ。自己対話できる、命と会話をして生きるという。そして、それがわかったら、それが、自分を満たす方法を、自分の頭は思考で考えられるから。じゃあ、ゆるめて、感じて、その〝正しくないもあり〟という世界に生きるのは、自分に何をやってあげられるんだろうというふうに、命に仕えるんですよ。それが命が欲しいものに対して、身体を使う、ですよね。そうすると、満たされる、って体験になるじゃないですか。当たり前なんだけど。その、満たされて生きるが、本当の意味で、人間の幸せなんですよね。大きく見せることをこれ以上やっても、幸せにはならないのは、わかりますよね？」

塾生1「それはよくわかります」

由佐「もう上限です、みたいな。〝もういいです、これ〟、となっているということは、その声を聞いたら、次は違う自分が体験できるよね、と。それが、人間の喜びじゃないですか。〝正しい自分でした〟と、棺桶に入って死にたいわけじゃないですよ、明確にいうと」

塾生1「そうですね。でも、そうやって死んでいく人は多いんじゃないですか」

由佐「これまではね。圧倒的に」

塾生1「高度成長の時代の人たちとか、そんな感じじゃないですか」

由佐「その世代が、それをやったということは、人間の意識の段階としては、次のスパイラルに昇れる可能性があるということだから。だから、前の世代がやったことをずっとくり返すって、絶対にないんですよね。必ず、世代ごとに進化しています、人間って。だって、宇宙はきっと刻々と、進化しているから。人間も、やっぱり、刻々と進化するわけですよ。なので、前の世代が終わらせてくれたことは、同じことをやる必要がなくて。そこから、次のフェーズにいけるのが、やっぱり、次の世代に生まれた面白さじゃないですかね。だから、私たちの次にくる世代は、また違う意識でこの世界を生きて創っていく、という風になっているから。まずは、自分のフェーズを全うしたほうが良いというふうに思っていて。

いま、ここにいらっしゃるくらいの世代の人たちは、古い適合の世界を勝ち残っているんですよ、基本的に。ひたすら外側でがんばって戦い抜いて、そこそこ成功して、物質的にも満たされている。でも、なんか内側が満たされていないんだよね、本当は……という現実を持っているんですよね。外側は豊かになったはずなのに内側は何か満たされない。それはどうして？　どうしたら内側も満たしていけるの？　ということを問える世代だと思うんですよ。両方を体験できる。

いまの若い子たちはどんなふうかというと。もう、なんか既存の大人たちがつくった社会システムに付き合う気はない、それで幸せになれると思ってない……という感覚を持っている。とはいえまだ自分だけで生きていける自信がないから、とりあえず社会に出るか、という感じかもしれません。でもやっぱりなんか違う、違和感がある。そういう若い世代に対して、どうしたら本当に充足して生きられる？　をどうやって私たちの生き様で見せられるか、ということだし。それを見せること。能力が高いのは、確実に大人たちの世代なんですよ、ちなみに。だってほとんどの人たちがとにかくがんばってきたんだから。だけど、その力を持って、どうしたら、次のその子たちが、より充足して生きられるか、という可能性を現実的に残していけるかというのが私たちのミッションだから。回避行動で終わったら、もったいないですよね。だって前の世代と同じじゃないですか」

塾生1「そうですね。それは、教育を変えるんですか？」

由佐「教育も変わっていかないといけないと思うし。何よりも、このシステムで生きている人たちが増えないと。若者たちの希望がないんですよ、いま。大人って皆疲れていて、人生おもしろくなさそうっていう世界になっちゃっているから」

塾生1「そうですね」
由佐「充足もないし楽しくなんて生きられないんだって絶望させたくはないでしょ？　生きるって本当に楽しいよって、大人たちが思えたら、すごく世の中は良くなると思うんだけど……」

自己表現期の世界とは

塾生3「どんな感じの人が、いちばん進んだ『自己表現期』まで行っているんですか？どんな人が、みぃちゃんから見て、そういう人なんですか？」
由佐「皆、自己表現期にいけると思っているんだけど。いま、どこかで止まるんですよね」
塾生3「いまのこの時代で、そういうふうな象徴的な人って、誰ですか？」
由佐「象徴的というのは難しい……。私は、基本的に、自己表現できていると思うんですけど、自分は……。好きなことをやっているという感じ。だから、ワンネスですよ、たぶん。私は、自己表現をやりたいだけっていう感じなので。もたらしたい世界は、ワンネスだから。自分で統合して、その世界をもたらそうよという感じで、やりたいんですけど。天然でやっている人たちは、たぶん、けっこういると思います」
塾生3「天然で？」
由佐「うん。気づいていないけど、それを表現しているという人たちがいるから。だけどね、人生の目的を紐解く方法があるんですよ。人生の目的が明確になる方法があって。自分がこの世界に何をしにきているのかがわからないと、自己表現は難しいという感じです」

天外「みいちゃんは紐解いたの？　それとも自然にそうなった？」

由佐「私は、だって、明確じゃないですか、もう。分離でズタズタ、適合期はね。繋がりがないでしょ。自己表現の世界は、ワンネスだから。人間がすべてと繋がっているという生命の世界を作りたいんですよ」

天外「でも、それは、自然にそうなったの？　それとも、分析。いろいろ、こういうことをやった結果として…？」

由佐「運ばれていたら自己表現の世界になっちゃって。その後で何が起きたか、紐解いているという感じです」

天外「そうだよね」

由佐「そう。全部、体験から」

天外「だから、なろうとしてならないよね」

由佐「なろうとしてならない。だけど、プロセスがわかったら、いまどこにいるかが紐解けたら、理解はすごい勢いで進められるんですよね。私は、理解するところで、自分の体験から紐解くことにものすごく時間をかけているから。こういうふうに解読するのに、自分の人生を使っているんですけど。解読したらこんなふうになるというのがわかったら、皆が、どこにいるかというのが、わかるじゃないですか」

天外「そうか、そうか」

由佐「何をしたら良いというのをちゃんと明確にして見せたら、たぶん、通れる道だと思っていいて。それがいいたいことなんですよね」

天外「だから、たぶんさ、こうで、こうで、こうなろうとして、理屈をこねてなるわけじゃなくて。自然になるわけよ」

由佐「元々、自然に、この流れが、すでにあるんですよ」

天外「自然になるわけよ。誰にとってもすごく自然で……。意識する必要もない。みいちゃんみたいな人は、CPUクロックが早いから（注：頭がいいから……という意味）、解析が好きだから、それを一生懸命、紐解いているだけ。紐解かない人がほとんどだけどね、自己表現の世界に行っている人は……」

由佐「紐解きマニアだから（笑）。全部、紐解きたいんですよ、何が起きているか。それを可視化できたら、もっと人間は人間のことを理解できるでしょ、って思っていて。何をしなきゃいけないは、別になくて。人生は、常にこの状態で流れている（適合期→直面期→自己統合期→体現期→自己表現期）と思っているんですね。だけど、自覚的になれないから。適合の世界に、戻っていっちゃうんですよね、やっぱり」

塾生1「戻ることはあるんですか？」

由佐「自己表現期から、適合期に完全に戻ってしまうことはないでしょう、行き切っちゃうとね。でも、常に適合期の痛みや信念にはずっと継続して直面しますよ。直面期の意味が、まず、一般的に理解されてない。〇〇になっちゃった、とか、何かが上手くいってないなどといって手っ取り早い解決策は探すけど、現実は自分が創り出したという観点がないから俯瞰的な理解がないまま直面期にいる。それは、直面期はこういう時期で、いま学びたいのはこういうことなんでしょ、と解読できると、次のフェーズに進むんですよね。そういうことがやりたいんですよ。進化を促せるから。だけど、意味が、誰もわかってないから。直面期は、事故にあっちゃった、みたいな感じになっている。早く逃れたいと焦っているだけ。でも、なんでいま、自分がもやもやしているのかというと、このシステムがもう限界だからだよ、次がくるからだよね、ということが、人間が本当に理解できていたら、もうちょっとやりようがありますよね。

だから、サーファーのお兄ちゃんを見て、なんで自分はこういうふうに思うんだろうって、わからないじゃないですか。でも、思っているのは、ずっとこういう風にやってきたから、次の世界をもう体験したくて、その感覚がきているんだということが理解できると、じゃあどうしたら良いのかということが考えられると思っていて。人間って、そういうふうに、ちゃんと命のことを扱えるんじゃないかなと。起きちゃった、事故だ、みたいな話じゃなくて。自分の進化に、自覚的に、自分の人生をちゃんと制御していけたら、もっと楽しいのになっていう。だから、被害者にならないですよね。全部、自分でつくっているから。私は、それは、生きる喜びだと思っているんですよ。命の流れに沿って、その文脈で起きることを理解して生きるというのは、すごく楽しいから。せっかく生きるんだったら、楽しいほうが良いでしょ、くらいの感じになるよ」

命が求める姿に遭遇すると身体の不調も消える

天外「塾生1さんが、刺青のお兄ちゃんを見て、これだと思ったのはさ、昔はそういうことはなかった？」

塾生1「昔からそうですね」

天外「昔からあったわけ？」

塾生1「お客さんで、刺青をバーッとしている人。刺青といっても、ヤクザの刺青じゃなくて、ファッションの刺青」

天外「おしゃれなね」

塾生1「そういう人を見ると、すごい仲良くなれるんですよ」

由佐「解放なんだよね。解放の象徴なんだね」

天外「昔からあったんだ」

塾生1「ぜんぜん平気で。僕自身も、普段は、使いはしないけど、革ジャンとか。クロムハーツって、知っています？　ああいうブランドのものとか、いっぱい買って。使いもしないのに、買うんですよ。つけないですし……」

天外「ワル願望があるんかな？」

塾生1「そうですね」

天外「じゃあ、塾生2（髪を七色に染めていて経営者でプロのミュージシャン）なんかを見るとすごい羨ましい？」

塾生1「そう。彼みたいな人、すごい、波長があうような気がする。すごいいい人だなと思っちゃう。もうひとつ感じたことがあります。ハワイは、すごい回数、行っているんですけど。刺青の兄ちゃんを見た瞬間から、時差ボケがなくなったことがありました。3泊とか4泊くらいしかしてないけど。1回も起きずに、朝まで眠れて……。その数日間、腰痛が、ずっとあったのになくなった。暖かいからかなと、その時は思ったんですが。初めて腰痛を一度も感じなかったです。これも多分関係している」

由佐「抑圧のエネルギーから解放されたんだね」

塾生1「精神的なもので時差も腰痛も良くなる。何かが解放されるのでしょうね。刺青のサーファーに会うだけで……。別に、自分が刺青をして、サーフィンがやりたいわけではないですよ。ただ、そういうところの居心地がすごく良かったなと……」

天外「刺青のサーファーがカギになっていて、扉が開くんだね、きっと……」

塾生1「買い物をしていても、そういうお兄ちゃんには、話しかけられます、不思議と……僕の友だちは避けて通るんですけど」

由佐「適合期のOSに、規範とか、制約される何かしらの枠組みを持っている人たちは、すごく多いんですよね。たぶん、塾生1さんの場合は、〝正しさ〟なんですよ。正しいと安心だ。正しいから出ると、不安だ。だけど、正しさが窮屈だから、これに対して常に何か反発したり抵抗したりしている。正しさを持っている人たちの人生のテーマって、だいたい、自由なんですよ。自分であってよし、という。自由って、本当は正しさに対する抵抗じゃないんです。そのままの自分であっていいよ、という世界になったら、正しさは消えるんですよね。外側の適合の世界にある自分を合わせるものが、なくなっちゃうので。だから、たぶん、塾生1さんの人生のテーマはあるがままに生きる自由だな、というふうに、いま、聞いていると、すごく思います。だから、自由に生きたいの」

塾生1「そうですか。僕、天外さんに、最初に会ったときに、ぜんぜん、そんなこと知らなかったんですけど、天外さんがアメリカ・インディアンとの関係が深いことを……。僕もアメリカに行ったときに、インディアンの集落みたいなの、あるじゃないですか。ああいうところに行くと、落ち着いて。トルコ石とか買いあさって。あと、ああいう、ネイティブの色使いというんですか。サーファーも、その色が多いじゃないですか……」

天外「そうだね」

塾生1「なんか、あの辺が、もしかしたら、命の源なのかなと思いつつ……」

由佐「たぶん、感じる世界が強いんだけど。それが正しくないといって、思考で抑圧している」

塾生1「そうですね。トルコ石、身につけたことはないですね。いっぱい持ってはいるんですけど」
由佐「つけてみて、どんな感じがするかだね。すごくいいいと思う」
塾生1「次回、由佐塾は、それをつけてきましょうか（笑）」
由佐「良いかも。ぜんぜん、違うことをしている人、みたいな……」
塾生4「間違われちゃうかもしれない」
塾生1「すごくいっぱい持ってますよ、本当に。上から下まで、という感じで」
由佐「だから、テーマは解放だよね。解放していくというプロセス。正しさの枠に閉じ込めた自分を解放していく。自分であることというのを認めていくというプロセスがここ。そう言われて、どんな感じがします？」
塾生1「やってみたいけど、ちょっと難しいかな」
由佐「難しいのは、何が作り出しているかというと、自分の生存の思考。適合期に作った、枠です。これが正しいというものがあると思っている。実際は、そんなものないんですよ。人の数だけ正しさがある。正しい、っていう枠組みは、自分の中で作っているだけなんだけど。正しいという枠の中が安全だというふうに、自分の思考は信じて疑わないから。その正しいを超えようとすると、それはやめたほうが良いんじゃない？　というふうに、押し戻される、という……」
塾生1「そうですね」

由佐「その声を真に受けるかどうかが、選択です。それを真に受けないためには、意志がいるの。意志を使わなければ、生存本能のもとに引き戻す力のほうが絶対に強いんですよ。やめておいたほうがいいよ、そうだね、ってなっちゃいます。やめておいたほうがいいよと言われたときに、『そうだね。でも、自分はこうしたいから、やってみるよ』といって体験できたら、その意志の力が、そのこれまでの自動化された生存システムを超えられるから。それをどこでやるのか、というのが大事なんだけど……。大きなことをやらずに、まず家でトルコ石を身につけて、鏡を見てみる、くらいで良いんですよ」

塾生1「それは、よくやります」

人間が一番光るのは「その人らしさ」

由佐「まずは小さいことをやってみて、感じてみる。それって、すごい、抵抗感のバーが低いじゃないですか。低いところをちょっとずつやっていくというのが、一番、いけるんですよね」

塾生1「今日も、じつは、出てくる前に、指輪をつけて、時計をつけて……」

由佐「えー、指輪つけてくれれば良いのに……」

塾生1「やっぱりよそうと思って。そう思ったんです」

由佐「でもね、いま、ここで、その話をしているということ自体が、やっぱり、解放なんだよね」

塾生1「そういうことですね」

由佐「そう。そういう自分がいるんですって、皆に分かち合っているというのは、解放のエネルギーが進んでいますよ。だから、次回は指輪をつけてくると思う」

塾生5「他では、その話は、していないんですか？」

塾生1「しないですね。ジョークとしてしか思われないですね、僕がやると」

塾生5「でも、いろんな商品を持っている？」

塾生1「すごいですよ、僕。驚くくらい」

由佐「面白い。だから、解放された後の自分がどんな自分なのかはまだ知らないから。そこにワクワクして生きられたら、人生の後半戦、相当、面白いですよ」

天外「これから、すごい人生になりそう！」

由佐「そう。だから、いまの仕事をしているのは仮の姿でした、みたいな……」

塾生5「すごいお客さん増えたりして……」

由佐「人間が一番光ることができるのって、その人らしさなんですよね。命が全うされているというのが、一番美しいというふうに、人間は感じるようにできているから。**だから、自然は美しいんですよ。タンポポは、タンポポで、精一杯生きるし。動物は、動物で、精一杯生きるじゃないですか。その美を、自分たちに感じられないというのは、すごく、人間にとっては、悲しみなんですよね」

塾生1「でも、天外さんを見て、初回から、羨ましいなと思っているんですよ。なんで、こんな服装で、天外塾を開いているのか（注：この日、天外は半そでのシャツに草履がけ）。こう言ったら、申し訳ないですけど。だいたい、こういう……」

由佐「正しくない感じ」

塾生1「そう。経営塾とか、経営セミナーって、皆さん、スーツを着てくるじゃないですか」

由佐「そうなんだ、そうなんだ」

塾生1「じつは僕は、今日の朝、別の経営塾みたいなのに、朝、出席していて。皆、スーツ姿で。僕だけ、この格好だったんです。今日は由佐塾があるから、この格好をしようと思って……。で、周りがスーツだらけの中で、ひとりだけ違うので、下を向いていたんです。だけど、ここは、もう、ぜんぜん雰囲気が違って。居心地は、すごく良いんですけどね」

由佐「ちょっとサーファーチックですよね。刺青してないけどね。でも、本当にそうなんだよね。自由に、解放した世界で生きたいというふうに、魂は動いたから。そこが、今度、自己表現になるじゃないですか。体現したいです。それをさせてあげていいよって」

天外「来年までに……」

塾生1「僕、じつは、子どもがもう25歳くらいになっていて。25歳と、22歳くらいなんですけど。男と女なんですけど。『パパ、刺青いれてもいい？』って、小さい頃、聞いたことがあったんですよ。『よくないんじゃないかな』って言われました」

由佐「お父さんが、ぶっ飛んじゃえばね。かっこいいと思うかも……」

塾生1「そういう話をしたこともあって……」

由佐「おもしろい！」

塾生1「意外と、日本は、刺青に対して、厳しいじゃないですか。ゴルフ場も……」

天外「お風呂に入れないもん」

塾生1「そうですよね。だから、ね。それで、ゴルフの友だちにそういうふうに言われて。おしりの周りにでもいれれば平気だとか、そういう話をしていたくらい。どこにでも良いんだけど、刺青を1個入れると、自分らしさが出るんじゃないかなと思うんです」

塾生5「足の裏に入れる」

塾生1「あっ、そうか」

由佐「やってみたら良いよね」

塾生1「そういうのって、何度も、何度も。うちで雇った子で刺青を入れている子に聞くと、入れることによって自分らしさが出るという。それが、理解できるんです。でも、じつは、そこじゃないんですね。刺青を入れるのが目的ではなくて。違う方向を向いて……」

由佐「ある種のシンボルですよね。たぶんね。自分であって良いというか、自分らしいというか。そういう表現がしたいということですよ」

塾生1「ここの会だけ、皆が、にこやかに聞いてくれて。他の会で、少しそういう話をすると、この人は何を言っているの？　という顔をされて、黙っていることが多いので。良かったです、解放できて……」

由佐「午前中はスーツ姿しかいない世界でしょ。で、いま、こういう場じゃないですか。世界はいま、併存しているんですよ。両方ある状態で生きているんですよね。行ったり来たりして、分離しているんだけど。自分がどっちかの世界を選んで、統合しちゃえば、分離はなくなっちゃうので。たぶん、消えちゃいます、片方は……」

塾生1「そうですね。ひとりだけ、あっちの会では浮いていた」

由佐「あっちの会では完全に浮いちゃうでしょうね。世界が違うんだよね。人間の世界って、意識でものすごく個別に細分化されているので。なんの現実を体験しているかって、その人の内的世界そのものなの。だから、正しい、ちゃんとした世界と、こんなよくわからない世界と、両方もっていて。それが現れているから、たぶん、内側もそうなっている」

塾生1「そうですね」

由佐「どうやら俺はあそこじゃないらしい、まで来ているから……」

天外「もう大丈夫だよ」

由佐「もういっちゃっていますよ。ここでいえるだけでも素晴らしいよね」

塾生1「刺青は入れないようにしようと思います」

由佐「でも、シンボルだから、本当に。そのエッセンスですよね、それが持っている。それを表現できれば良いね」

塾生1「そうですよね。一時は、髪の毛を全部剃って、入れようとしていたんですよ。そしたら、頭がはげてきちゃったので。ここから見えちゃうといけないなと。くだらないことを考えながら、ひとりでニヤニヤ笑っているのが、楽しいなと思っていて……」

由佐「抑圧のあとは、解放ですね。欠損させているものを見ると、何を表現したいかというのは、表裏一体でついてくる。それは必ずわかるので。必ずその両方を見ていきます。ありがとうございます」

塾生1「ありがとうございました」

由佐「すっきりしました？」

塾生1「楽です」

由佐「そうだよね」

塾生1「随分、楽になりました。ここにいることすらも楽。次回、由佐塾に……」

由佐「持ってくる？」

天外「3月だから、革ジャン着てきても良いよ」

由佐「いいね。ありがとうございます」

4章

意志で「怖れ」を超えて「期待に応えて承認を得る」を卒業

【解説】

塾生6さんは大病院の娘として生まれ、親の期待にすべて応えてきました。人生すべて順調なのですが、適合期の行き詰まりを感じて天外塾、由佐塾に参加されました。外部からの承認を求めて努力が実り、ハイパフォーマーなのですが、生命の源からの声には応えていないことに気づいておられます。「やりたいことをやる」ためには、意志が必要、意志は自らへの愛から生まれる、というのがみいちゃんからのアドバイスです。

セミナーの実録

塾生6「私、天外さんのこと、すごいうらやましいんですよ、自由だから……。やっぱり、天外さんをうらやましいと思っちゃうのは、私も抑圧されて、自由が欲しいみたいな感じなのでしょうか。いま、塾生1さんの話を聞いていて、そこまでは、抑圧はされていなさそうなんですけど。なんか、買っちゃったりはしていないので……。天外さんのことは、すごく自由でうらやましいとは思っているんですよ」

由佐「天外さんの何がうらやましい？」

塾生6「服装だけじゃなくて生き方そのもの……」

由佐「好きに生きているってこと？」

塾生6「そうですね。ソニーみたいな大きな会社にいながら、本を出したりとか。上からやんや、やんや言われても、本を出し続けるところとか……」

由佐「その何がうらやましい？　行為じゃなくて」

塾生6「やりたいことをやっているところがうらやましいなと」

由佐「こういう情報が、すごい大事なんですよね。その人に自分の抑圧しているものを投影している、というふうに捉えるんですけど。天外さん、もちろん、いろんな要素を、人間だから、持っているじゃない？　自分が、その、誰かに対したときに、そこから、どういう情報を抽出しているのかというのが、自分の命がそれを求めて共振しているもの、エネルギーと一致しているわけですよ。だから、やりたいことをやっていることがうらやましいということなんだよね？」

塾生6「そうです、そうです」

由佐「だから、自分のエネルギーとしては、やりたいことをやりたいわけ。内側で許していないやりたいことをやっている自分を、天外さんに投影させているわけです。でも、それを外側にみることで内側のそれが欲しい自分が共振するから。自分の中でそれを思い出させるんだよね。やりたいことがあって本当はやりたいんだ、私、というふうに思っていて。本当は、天外さんの話じゃないんですよ。自分の話なのね。でも、いまみたいな感じなんですよ。天外さんはこうですよねという言い方を、皆、するんですよ。いや、天外さんの話じゃないんだよね、本当は。私に、やりたいことをやる、ということが〝ある〟ということなんですよ。やりたいことをやっている、というのが欲しいと、命がいっているわけ。それが、外側の天外さんのエネルギーに触発されている。なんでか、というと、自由にやりたいことをやりたい、は皆の中にあるエネルギーだから。何かに刺激されるわけですよね。だから、持っている、あるという世界が、そこに存在すると、あるが、触発されて、あるんだ、と気づく。これが、原理なんですよ、常に、気づきというのは。ないことは気づけないから。やっぱり、ある人がいて、そのエネルギーを体現していると、私の中にもあるよねと思える、という仕組み。やりたいことをやっている私を体験したいんですよね。その人生が欲しいって思っている、って理解してもらえるといいです。さっきの解読。命からのメッセージは常に解読する必要があって。体験をどういうふうに自分に、ひとつに理解するかというプロセスがすごく大事なんですけど。うらやましい、憧れという感情は、感じると、やりたいことをやっているというのが欲しいんだ、っていうことが理解できる、という媒体になっているわけですよ。メディアみたいになっているんだよね。どんな感じですか？　やりたいことやりたいんでしょ？って」

塾生6「やりたいことをやっていない。いま、半分くらいしかやっていないので。もっとやりたいなと……」

由佐「そうそう。だから、どうやったら、残りの半分ができるのかというのを、やってあげて。自分に、その経験を提供してあげれば、喜びとか、充足とか、満たされたという感じになって、命が満たされる。それが、幸せなんですよ。命と会話せずに、幸せなんてないんです。外部からの期待に応えても、ぜんぜん幸せにならない。私が何を望んでいるのか。私の命が何を満たしたいのかという情報がないと、人生の舵がきれないですよね」

解放された自分を生きる

塾生6「塾生1さんの人生の目的というのは、『自由』という感じなんですか？」

由佐「自分であって良い、自分を解放して生きる、ですよね。魂として選んでいる道は。だから、徹底的に前半の人生で抑圧させているはず。枠にはめて、正しい枠に閉じ込めて。でも、いろんな抑圧を、正しい世界でやっていると思うので。その裏は、自分であってい い、自由に生きたい、という世界観だから。抑圧しているものを解放していく、というのが、間の変容期で起こる。体現期は、自分を生きる、ですね。解放された自分を生きる」

塾生6「自分もやっぱり、実家が病院で、ずっと期待されてきて。結婚相手も医者じゃなきゃだめだとか言われて……」

由佐「だから、適合期は、自分を捨てて期待に応える、ですよね。期待に応えることで、価値を認めてもらって、愛されるはずだ、という」

塾生6「そうですね。いまもやり続けているけれども。ちょっとつらいから……」

由佐「そう。だから、うらやましいというのが、浮上する。天外さんに……」

塾生6「天外さん、本当にうらやましいです」

由佐「そうだよね」

塾生6「そうすると、やっぱり、自分の人生の目的が、自由みたいな感じ？」

由佐「紐解いてみないとわからないですけど。何がなかった？　痛みとして、何が一番痛いですか？　適合期で。何が一番つらかった？」

塾生6「認められないというのがつらいですね」

由佐「そうだよね」

塾生6「自分は田舎に育ったのに、中学から、都会ではないですけど、中高一貫校にやられて。田舎から来たので、なんか、認めて欲しいというのがあって、そこから努力をしっぱなしになっちゃったんですよ」

由佐「そうだよね。欠損というか、適合といっている世界のパラダイムの承認というのは、どういう世界で起こるかというと、自分の出す成果や価値が、期待を上回ったときにだけ、与えられるという取引の報酬なんですよね。それって、本当の意味で、命の承認と何の関係もない世界で行われている。期待を上回ったときに、承認がやってきて。期待を下回ると、批判。これが承認される、という世界になっている。期待って、全部パフォーマンスの世界だよね。どんな成果を上げたのか。それが、その人たちの、要は、外側にある期待を満たしたのか、満たさなかったのかっていうことによって、承認が得られるかが決まる。これが承認だと思い込んでいるから、自分は、他人からの承認を得る行動だけで人生を埋め尽くすことしかやれなかった、という世界が、適合期なんですよ」

塾生6「そのとおりです」

由佐「そうでしょ。で、本当の命の世界の承認はどういうものかというと。基本的に、外側の期待に応えるなんていうものは、何もないんですよ。本当の承認は自分という器の中に、あることを認めていくというだけです。あることをただ認める。行動なんて、何の関係もないの。『何があるんですか？』という質問を、どうしてこういう場ですかというと、自分の内側のスペース、場には何があるのか、そして自分の体験している外側の世界にも同じように何があると自分は認識しているのか、ということが知りたいわけです。だから、うらやましい、憧れがあるんだね。これは承認。やりたいことをやりたいと外側の世界で思っているんだね、これが承認。これが、本当の意味での承認なんですよ。これが『ある』世界にある承認という世界観なんだけど。この承認が、承認って、思われていないから。欠損した『ない』世界があるとね。ひたすら、期待に対する行動で、ハイパフォーマーでしょ」

塾生6「そうです」

自己統合期に必要なのは意志

由佐「やりたいことをやるという世界に本当にいきたいなら、自分に何があるかを承認する。『ある』を、全部自分の中で認めて。自分に『ある』ことを認めたら、これをやらせてあげても良いというふうに、自分のことを認めることなんです。自分の人生に対して何の制約も、本当は外側にはないから。だけど、人の期待というものが存在している、という世界観では、外と内のバランスでしか、満たせないですよね。期待に背くことはできないし、期待を無視して、自分の承認の世界を作り出すこともできない。外側ありきになっちゃうの。承認の世界は、外側の世界には、はっきりいって、何もないんですよ。内側に何があるのかということだけが、承認の世界だから。存在の中にある。自分というスペースの中にあるもの。自分の存在の中に、器の中にあるものが、すべてあること。それを承認する。認知する。そこから、じゃあどうしたいんだっけ、という話。外側の世界なんて、何の関係もないから……」

塾生6「自分に何があるの？　って聞いて。自分のやりたいことをやる許しを、許可を出す、という感じですか？」

由佐「それを、自分の意志でね」

塾生6「意志で許可を……」

由佐「自己統合期にどうしても必要なのは、意志なんですよね。怖れが絶対にブロックをかけてくるので……。だって、それをやっちゃったら、もう、期待に応えられなくなっちゃうと、アイデンティティはわかっているから。ものすごい勢いで抵抗するんですよ。そんなことをやっちゃったら、ここにはいられなくなるよ……とか、親に認められなくなっちゃうよ……とか。いろんな抵抗が自分の頭の中で囁かれているはずなんですけど。でもね、自分の意志で、いや、もう、それはいいんだ、って。自分は、本当に、自分の中に、やりたいことをやりたい、があるから。そっちをやらせてあげるというふうに決めます、ってなると意志の力が発動するんですよ。これがないと、絶対に、期待に応えようとするほうが、強いの。怖れって、ものすごい力でブレーキを踏めるので。怖れが創り出す思考を真に受けたら、絶対に敵わないですよ。だから、意志で、それを超える必要があるんですよね。

意志はどこから生まれるかというと、自分への愛です。それ以外、ない。自分に、この体験を、この体を通してさせてあげたい、というのは、自己愛の世界。だから、自分に対する愛。自分を大事にしたい、と。この身体でやりたいことをやる、っていう願いを叶えてあげたいと。自分の願いを、自分で叶えるということをやらずに、たぶん、一番最後なのね……私の願いが。親の願い、他の人の願い、期待、自分以外のあらゆるものを満たして、私の命の願いは何だったっけ？ってわからなくなっちゃっているんですよ。いまの多くの人は……。だけど、この世に生まれてきて、自分の命の欲しているものを外側の世界で満たそうと生きることが、本当には、人間が体験したい人生なんだと思います。そんなことはダメだよね、ってしてるから、いや、自分の命をもっと満たしたら良いんじゃないですか？って。命に正直になりたいと思うと必ず発動する、怖れが司っている適合期のシステムを超えるのには、どうしても意志が必要で。それは、自分の命と対話して、わかった、やらせてあげるよ、っていうこと。いろいろ引き止めようとする声はうるさいけど、でもとりあえず行動に行くよ、っていうふうに動けるかどうかです。

最初は小さいことがすごく大事。やりたいことも、ボーン！という大きいものじゃなくて。たわいもない、小さいことで良いから、自分にやりたいことをやらせてあげるというのが、すごくいい。例えば、リストを作るの、すごく良いんですよ。いまやりたいけどやれてないことリストというのを作って、それをまず目で見る。そうすると、ああ、こういう願いが内側にあるんだな、という承認になるんですよ。あることが字になって目に見える形になると、認識して確認できるじゃないですか。それを、特に、何をしようと思わなくても、エネルギーが、その意識が顕在化することで、動き始めるから、けっこう叶っちゃったりする、っていう。それは、自分に、やりたいことをやっても良いということを許す、という感じ。どんな感じがしますか？」

塾生6「いま、アメリカ・インディアンに会いたいなってちょっと思う。天外さんに紹介してもらって、会いにいきたいなって……」

塾生1「それは、僕も思います」

塾生7「生存の声がどんなに大きくても、自分の意志で貫いていくという感じですか？」

由佐「そんな大げさなものじゃないっていうか。自分に対する愛を優先するって感じ。怖れより……」

塾生7「生存の声は常に聞こえてはきているわけだよね？」

由佐「だから、真に受けない」

塾生7「真に受けない。意見は承りました、で、それで何か？　という感じで……？」

塾生1「みいちゃんのこの説明は、いろいろな人の話を聞いて、経験からなっているのか。そうじゃなくて、自分自身で紐解いた中で、この人だったらこういうんだというふうに……」

由佐「いろんな人の人生に何が起きているのかっていうのをずっとやっていくうちに、こういう流れと構造になっているんじゃないかなという仮説にたっていて。そのあと、ワークをつくって、検証していく、という。ひたすら……という感じです」

塾生6「このモデルだと、私の人生の目的は、やりたいことをやる、ということですか？」

由佐「人生の目的は、自分の存在を認めるというところが、まずある。その先はもうちょっと情報がないと……」

塾生1「その先に何かがある可能性もあるじゃないですか」

天外「もうちょっと出しなよ」

塾生6「私は、自分に自信はまったくないです」

由佐「だって、自己承認したことがないからね」

塾生6「そうですね」

由佐「命に繋がらないと、自信なんてないんですよ。自分を信じるっていうのは、エゴの世界でやるのって、自分のパフォーマンスを上げていくということ以外はできないでしょ？」

塾生6「パフォーマンスは上げて来たけど、自信にはつながらなかった……」

由佐「だから、命に守られている安心感なんて、微塵も感じられないという世界に生きているから。ものすごく人間にとっては怖い世界に住んでいるんですよ……」

塾生6「一番、自分を信用していないというか。自分の能力も信用していない感じ。自分の能力を信用していない。信用したことは1回もないです」

由佐「信用しちゃったら、さらに高いパフォーマンスに自分を駆り立てることができなくなっちゃうからね」

塾生6「そっか！」

由佐「まだまだだ、という世界が、もっともっとへ駆り立てるんです」

5章

ドロドロしたところに踏み込まないと、自分には向き合えない

【解説】

塾生5さんは、かなり大きな会社の女性社長です。この章でのみいちゃんとの対話は、最後まで噛み合っていません。会社を良くして、社員が幸せになって欲しいという情熱は強く、コンサルタントも入れ、改善活動に取り組んでおられます。職人肌の旦那様（前社長、いまは会長）の腕一本で起こした会社で、ご本人は営業で支えてこられました。自分も変わらなくてはいけないと思い、天外塾、由佐塾に参加されましたが、「人のせいにする」という適合期のうまみにどっぷりはまっており、変容の兆しはさっぱり見えてきません。

おそらく、この章を読まれると少しイライラがつのるかもしれません。でも、ちょっと我慢して読むことをお薦めします。あなたも、まったく同じ問題を抱えている公算が大です。

じつは、塾生5さんと同じような経営者は、とてもたくさん見受けられます。天外塾でも由佐塾でも、**すべての課題の原因は自らの内側にあり、自分が変わらぬ限り周囲は変わらない**、という立ち位置に立っています。ところが、自らと向き合うのは結構つらい作業なので、ついつい自分以外の人たちに「お前が変われ！」と強制したくなるのです。

本書の読者にも、そういう方がたくさんいらっしゃると思います。少しでも気付いていただくために、あえて噛み合わない対話を掲載しました。

塾生5さんは、みいちゃんに「ここにいる意味がないよ」とまで言われましたが、来年の由佐塾に早くも申し込まれました。来年が楽しみです。

セミナーの実録

塾生5「皆さんは、自分に自信があるんですか？」

由佐「自信という言葉も、区別がすごい必要なんですけど。本当に、言葉についている世界観は、ひどく、適合の世界に偏っているんですよね。これまでの自信というのは、パフォーマンスが蓄積されたもの。しかも、期待を超えるような、素晴らしいと人に承認されるようなパフォーマンスが積み重なったあかつきに得られるもの……というのが、これまでの自信の定義なんですよ。だから、自信があるんでしょ？って」

塾生5「自分に自信があるって思ったことはないというか。でも、自信がないけど、でもやらなくちゃ、というのはあるけど……」

由佐「ううん。自信って何かというと、自分を信じる力ですよ。単純に。無条件に。何を信じるかというと、信じられるのは、唯一、自分を信じるって、何を信じる？　この自分って、誰ですか？って話なんだよね」

塾生5「自分を信じていないことはないんだけど……」

由佐「いまみたいな言葉が、本当、思考の典型なんだよね。何々がないことはない、というのは。これが、思考の世界の延命なんですよ」

塾生5「自信っていうのは、ちょっと私の概念とは違っていた、というか……」

由佐「だって、自分を信じるっていう字でしょ。自分を信じてないことはないと、いま、言ったんですよ」

塾生5「だから、ちょっと、感覚の違いで、自分があやふやになったというか。自信って、すごい、なんていうか……。自分に対して、力とか、実力とか、そういうものが備わっていて」

由佐「そう。それがパフォーマンスでしょって、いま、言ったじゃないですか。その実力は、何で感じているんですか？　やってきたことでしょ？」

塾生5「いつも自分は自信がないけど、とりあえずやってみよう、という……」

由佐「だから、自信がないけどやってみるは、嘘でしょ？　よく聞いてくださいね。自信がなかったら、普通はできないんですよ。でも、自信がないけどやってみるというふうに言えるというのは、何があると思います？　自信がないけどは、何を表していると思います？　これ、すごく面白いの。人間の生存本能が大好きなやつだから……」

塾生5「私にとって、ちょっと、自信と裏付けるのが、やっぱりね」

由佐「質問に答えてください。自信がないけどやってみるというのが、あるんですよね。自信がないけど、と言いたいのは、なんでだと思います？　なんで、この枕詞を付けるんですか？」

塾生5「自信がないけどやってみる」

由佐「これは、生存本能が、大好きな言葉なんですよ。これで、何を得ています？『自信があるよ、じゃあやってみる』『自信がないけどやってみる』、何が違う？」

塾生5「自信があるからやってみるというのは……」

由佐「あるから、じゃなくて。『自信がある。そしてやってみる』というのと、『自信がない。でもやってみる』は、何が違います？　どっちが好きですか？　自信があると言っちゃったら、何が起こりますか？　普通、世界では……」

塾生5「驕りとか……」

由佐「そうだよ。だから、自信がないけどやってみると言ったほうが、お得でしょ？　失敗しても、誰も文句を言わないから……」

塾生5「自分では、いつも、ダメ元と言っているんですよ」

由佐「そうそう。だから、ダメでも許してね、と言っているわけですよ」

塾生5「そうそう。とりあえずやってみるから、ダメでも許して、と……」

由佐「それが完全なる自己欺瞞なんですよ、本当は。だから、自信がないなんて嘘でしょ？って話なのね。自信がないけど、と言っておいたほうが、傷つかないですむ、という牙城があるわけですよね。こういう言葉を使って。でも、本当は、自信はあるんですよ。できるんだから。たぶんね。自分を信じているから、踏み出せるんだから、ロジック的にいうと。自分を信じていなかったら、人って、行動できないから。何かの、やっても良いという信じる力を持っているんですよね、そもそもね。でも、自分は、自分を信じてやってみたいと思っている、とは言わないの。自信がないけどやってみる、だから。こうやって、自分のことをすごい偽って生きているんですよ、人間は……」

塾生5「自分で、自信がないけどやってみるという表現はしたことはない。いままで」

由佐「というふうに、言いだすもんね。いまのやつ。わかります？」

塾生5「いつも、ダメ元でいいじゃんって。こんな感じ……」

由佐「そう。それだから、変わらないの。いま、自分が言ったことすら否定して、違う事実を作りましたよね。これをくり返しているだけだから。本当の自分の真実に向き合えないですよ、いまのやり方をしている限りは。自分でこれをやっていますと言ったのに、でも普通はやっていないって、いま、言ったんだよ。どうして、その偽りをくり返すんですか？」

塾生5「ん？　基本的に、やっぱり、心の底では自信がないと思っている……」

自分の中にあるものに向き合えないと変わらない

由佐「だから、何から逃げたいの？　何から逃げているか、知っています？　いまみたいな偽りをやり続けると……」

塾生5「何から逃げたい？　現実？」

由佐「自分の本当にあることを、何も言わないです。だから、変わらないの。うまく適合しているだけだから」

由佐「変わらないという言葉は、わかります」

塾生5「変わらなくて良いんですよ、変わりたくないんだから、うまくやれているでしょ？　それが、最大の疑問なんですよ。変わりたいなんて、嘘だから。変わらなくて良いんだよ。変わらなきゃいけないと表面的に思っているだけでしょ？　という感じ。本当に変わりたいんだったら、自分の中に何があるのかっていうことを直視する。それが、いまはできないからです。だから、言葉を真に受けて、これがあるんでしょ？　というと、ないですと言い始めるんです」

由佐「なんか、自分を変えたい、変えようというより、周りをもっと変えたいというか、良くしたい」

塾生5「自分が変わらないと、残念だけど、周りはさっぱり変わらないんですよね」

由佐「うん。だから、自分を変えなくちゃ、という結論には達しているんです」

塾生5「だから、周りを変えるために自分を変えたいと思っているんでしょ？」

由佐「そうです」

塾生5「でも、自分は変わる気はないよね。このループなんですよ、本当には」

由佐「気持ちは、変わりたいんですけど、行動は一緒のことをやっている」

塾生5「そうだよ。そして、行動のほうが、常に本当のことだから」

塾生5「だから、いつまでたっても、あれが続いているというかね」
由佐「そこに、いまのところ、責任を取る気はないので。こんなことが起きちゃっているんです、という世界から出ないじゃないですか」
塾生5「うん」
由佐「そこを、まず、本当に自分事にできるかどうかというのが、すごく大事なんですよね。だから、そんなに嫌じゃないですよ、それも。本当に嫌だったら、人間、ものすごくちゃんと向き合うから。そこは、もう、直面せざるを得なくなるから。まだ、逃げられているんですよ、ぜんぜん。だから、理念は掲げているけど。そこに、代償をはらう気は、ないよね」
塾生5「だけど、もう、自分は、いい歳だから、やりたいことを早く実現していきたい、というかね。焦りはありますす」
由佐「やりたいこと、やっているじゃないですか」
塾生5「やっていますけど。早く片付くというかね。やりたいことはやっています」

「自分以外の誰かのせいだ」というプログラム

由佐「何が不満なの?」
塾生5「なんか、やっぱり、こう……」

由佐「面白いね……」

塾生5「障害が、やっぱり、いつも、うちの主人が障害になってくるというかね」

由佐「旦那さんが障害なんていうことは、世界には起こっていなくて……」

塾生5「わかります」

由佐「わかりますよね。というふうに、流しているんでしょ。ということは、あなたのせいだ、という世界ですよね。これが、いまの世界をつくっている、一番のプログラムじゃないですか。私以外の何かのせい。あなたのせいだという上に、ずっと乗っかっているから、いつまでたっても私のせいにならないんですよ。本当には。これが、最高のうまみなんですよ、いまのところ。だから、私はそこそこうまくやれているけど、あなたのせい、だからね」

塾生5「だから、そこを行ったり来たりしているんですよ、いま……」

由佐「そんなの前からわかっているじゃないですか」

塾生5「心ではわかっているんですけど。体が勝手に怒っているというか……」

由佐「行ったり来たりしていないんだよ、本当は……。私のせいだ、なんて、思ったことないから。全部、あなたのせいです、と。これが、最大の人間の正当化ですよね。だから、私には、本気で自分を変えたいようには見えないんですよ、このマシーンが走っているうちは、たぶん。本当はあなたのせいだ、って思っているから。旦那さんが、私のかわりに変われよ、くらいな話だと思うよ。そうでしょ。旦那さんが変わらないから、自分で何とかしようとしているんだけど。とはいえ、旦那さんが本当は何とかしなきゃいけないのを、自分がやらなきゃいけない、になっているから。自分で、やる気は、たぶん、ないんだよね」

塾生5「うーん」

由佐「それを認めちゃったら良いんじゃないですか？　という感じ……」

塾生5「何を認めるんですか？」

由佐「変わる気がない」

塾生5「それは認めたくない」

由佐「どうして？」

塾生5「変わらないといけないと思っている」

由佐「ううん、変わらなくて良いんですよ。だって、あなたのせいだという正当化が、もう、うまみ満載なんだから、いまの人生……」

塾生5「どこかで変えたい、何かを……」

由佐「それは、何から来ているんですか？　本当には、何を見ていないんですか？　何かを見ていないいんだよね」

塾生5「自分」

由佐「の、何？」

塾生5「自分を見ていない。何ですか？　自分？」

由佐「あなたのせいだとしている間、これをやっている限り、何がわからないと思います？

ひと言ですよ」

塾生5「心とか……」

由佐「何がわからない？」

塾生5「真実？　ひと言？」

由佐「うん。自分の何がわかっていないと思います？　あなたのせいだと言っちゃうと。世の中が悪いのは政治家のせいだよねとか。私がいつもこんなふうになるのはあなたのせいだよねとしているときって、人間は楽なんですよ、一番」

塾生5「そうでもないけど」

由佐「いまも否定するでしょ？　わかります？　せいだと言ったでしょと扱うと、それじゃないんだよねって言い始めるの。だから、ものすごい、逃避する傾向を持っているんだよね。捕まえさせないです、決して。誰にも。逃げ続けています。向き合うのか、向き合わないのか、選んだら良いと思います」

塾生5「向き合わないは、選ばない」

由佐「でも、向き合っていないの、わかりますよね？」

塾生5「うん」

由佐「だから、選んでいます」

塾生5「選んでいるけど、選びたくない」

由佐「いまも否定したでしょ。選んでいるということは、そうしたいんですよ。そっちのほうが勝っているわけ。向き合わないを、選んでいます。なんでって、これがあるといっても、すぐにそれを否定するから。そのことに、もう、何秒ももたないくらい、向き合わないの。だから、向き合わないことを選んでいると、まず、受け取ってください。それ、瞬時に抵抗し始めているの、わかります？」

塾生5「いまは、ないです」

由佐「何がない？」

塾生5「向き合わないを、選んでいます」

由佐「向き合わないを選んでいるということが、自分の中にある、という世界に入れます？」

塾生5「うん」

自分に向き合う大切さ

由佐「どっちですか？　向き合わないを選んでいるということが、受け入れられます？」

塾生5「ちょっと、いままで気がつかなかった……」

由佐「ううん、答えてください。向き合わないを選んでいます？　と聞いています。これは、そうなのか、そうじゃないのか、聞いています。どっちですか？　どっちでも良いんですよ。向き合わないということを選んでいるでしょ、というのが、イエスか、ノーか、どっち？」

塾生5「ノーです」

由佐「じゃあ、向き合っていると思っている」

塾生5「うん」

由佐「どうして？　何に向き合っているのか、教えて。自分の何に向き合っているのか、言ってください。めちゃくちゃ厄介な、生存がしぶっているから。ものすごい逃避です。逃げまくっている。向き合わないと選んでいると言ったら、向き合っていると、いま、言いましたよね。これを受け取ってください。私は向き合っている、と言って」

塾生5「私は向き合っている」

由佐「オッケー。何に向き合っているか、教えてください」

塾生5「自分」

由佐「オッケー。自分の何に向き合っているか、教えてください」

塾生5「自分の想い」

由佐「どんな想いですか？」

塾生5「想いは、やっぱり、良い会社にして皆を幸せにしたいということ」

由佐「良い会社にして皆を幸せにしたいと思っているんですね。これがある。それで、それがあるときに、自分は何をしたいですか？」

塾生5「会社の現状を変えたい」

由佐「うん。じゃあ、変えるために、何をする必要があるの？」

塾生5「改善という名前の元に、いろいろやってはいますけどね」

由佐「そう。だから、結局、自分に向き合わないの、わかります？」
塾生5「ん？」
由佐「いま、変えたいでしょ。だから、いろいろやっています、外で、と言ったんですよ」
塾生5「外で、じゃないです」
由佐「だって、改善のためにいろいろやっているんでしょ？」
塾生5「そうです」
由佐「それ、自分の外なの、わかります？」
塾生5「はい」

自分が見たくないところに踏み込む

由佐「だから、結局、向き合わないを選んでいる。それは、自分に返ってこないでしょ？と言っているわけです。これが、いまの構造ですよね。自分は向き合っていると言っている。何のために向き合っているかは知っている。良い会社にしたいし、それを変えたい。じゃあ、どこで変えているんですか？　と言ったら、いろいろ、外で変えようとしています。いろんなことをやっています。じゃあ、いろいろ外で変えた結果、変わらないんですよね。自分に向き合っていないから、というところに戻ってくるわけ。それに苦しんでいるって、ずっと言っているんですよ。でも、自分に向き合わない、を選んでいるというのは、ノーというのは、嘘でしょ。いろいろ外でやっているって。ここで自分に向き合っていますという言葉がくるはずだから。それが出てこないということは、嘘ですよね。なんでか、というと、起点にあるものは、結末の現実にあるというロジックが、必ずループにはあって。向き合っているということを選んでいたら、最後、自分に向きあっています、で現実は完結するはずなんです、そのループは。でも、向き合うことを選んで、向き合っていると言っているのに、最後、外でいろいろやっていますと言って、向き合っていることに戻ってはこなかった。だから、向き合うことを選んでいるのは、嘘でしょ、と言っています。外で何とかしようという状態を、降りる気がない、たぶん。

想いがあることはそうだと思うし、会社を良くしたいと思っていらっしゃると思うんですけど。それ以上の自分にせまる気がないんだよね。想いって、楽じゃないですか」

塾生5「結論をちょっと急いで。どうしたら良いんですか?」

由佐「どうしたら良いかは、知りませんよ。自分で決めてください。向き合う気がないから。向き合う気があると言ってくれたら、始まるんだけど。いまのところないんだよね」

塾生5「向き合いたいです」

由佐「何に向き合いたいですか?　自分を変える気がない、に向き合って欲しいんですよ。自分が、まったく自分を見る気がない、ということを認めるところに入らないと。これ以上、ここに座っている意味すらないという状態なんです。そこ、嫌でしょ?　嫌なんですよ、それを認めることに入っていくの。自分に向き合っていくのなんて。自分の美しいところに向き合いたいんですよね。会社をよくしたい、社員を幸せにしたいとか、素晴らしくしたいとか、そういうのは、ぜんぜん抵抗がないはずなんです、人間って。だけど、**自分が一番見たくないところに踏み込まないと。本当の意味で、自分を観るという世界には、入れないいんですよね。**そこに、行きたくない。だから、抵抗している。そう見えますけど。どうですか？」

塾生5「ちょっと難しいです」

由佐「いまも逃げたでしょ。難しくないですよ。美しい自分だけを見ていたいんでしょ、と言っています。もっと、どろどろした、いろいろなものがあるはずです、本当は。社員を幸せにしたいとかじゃなくて。旦那さんを支配しているとか」

塾生5「それはあります」

由佐「好きにしているとか、ね。好き勝手やっているとか」

塾生5「はい」

由佐「そこに感情を持ち込まないの、わかります？　そうですってすぐに言うから」

塾生5「いや、それは自覚しているんです、ずっと」

由佐「でも、それで良いと思っているでしょ？」

塾生5「いや、だめだなと思っているけど、結果的にそうなっているんです。それ、すごいだめだと思っています」

由佐「触れないです、いまのままだったら、ぜんぜん。結果的に、良いにするから、結論。それが、本当に嫌なんです、というところに立たない限りは、変わらないです。嫌じゃないでしょ？　全部旦那さんになすりつけておけるから、いまのところ……」

塾生5「そういうわけじゃないと思うんだけどね。わからない」

由佐「そこまでない。どこまであって、どこからないんですか？」

塾生5「かなり、うちのに対しては、ひどいことをしているなと思っています」

由佐「でも、ひどいことをしても、ぜんぜん、それで良いんですよね？　ひどいことをしているというところに、痛みがないの、わかります？　ひどいことをしちゃっているんだと感じてください。思っていないでしょ？　普通、泣けてくるんですよ。ひどいことをしちゃっている、愛している人に。まったく、そんなところにいないでしょ？　ひどいことをして申し訳ないと、泣けますか？　という話ですよ」

塾生5「泣けないです」

由佐「だって、あなたのせいだから、ね。ほら。だからです、と言っているんです。ひどいことをしているって。本当ですか？」

塾生5「本当です」

由佐「嘘です。感じていないから。本当にそれをやっていたら、そのことに悲しみがあります。私は、本当に大事なパートナーにひどいことをしちゃっているんですと言っただけで、人間は泣けます、普通。まったくそんなところに行かないでしょ。どうしてですか？

ひどいことをしちゃっていると、悲しいんですよ、普通、人は……」
塾生5「悲しいのは、悲しいですけどね」
由佐「でも、味わわないよね。別に良いんでしょ……」
塾生5「良くはないです」
由佐「だったら、その悲しみに触れてくださいよ。そこに行かない限り、本当に、変わるチャンスはゼロです。なんにも感じないから……」
塾生5「いろんな経験をいっぱいして、感じなくなっているのも、ありますよね？」
由佐「経験のせいじゃないんだけどね」
塾生5「せいではないけど……」

感じる世界で変容は起こる

由佐「ストレートに言うと、傷つきたくないんだと思います。一番守れるのは、そこだから。自分のせいじゃない、自分は何も悪くない、って。全部あなたのせいなんですとしているのって、すごいうまみだから。感じる世界を封じちゃっているんだと思うんですよね。でも、いまのすごい突破口になり得るのは、旦那さんにひどいことをしているんじゃないかというのが、自分の中にあるんだったら、それに対して、何が本当に感情としてあるのかは、アクセスポイントにはなり得るんですけど。そこも入りにくいから。どこから入るのかな？　という感じになっています。正当化の牙城だよね。いまのところ、生存本能のお城は『私は悪くないです、でも正しいから一応変わりたいといっておこう』という感じ。その次元では、本当に自分にあることから変化することはできないです。なぜかというと、**感じる世界の中で、変容は起こるのであって。考える世界の中では、1ミリも思うことなんて変わらないから。意識は感じた瞬間に、変わります。**それは、泣けてくるくらいの体験だから。そこに、行く気がないでしょ。それが、残念だなと思います。ここまではるばるきているのに。びくとも動かない。それくらい強い牙城で生き残っているんですよ。会社は、正当化で、がんじがらめにされていると思います。正しいから、いつも。全部他人のせいだから。すごい居心地の良いお城を作っていると思いますよ。社員の幸せのためにって、するほうが、美しいから。きれいに正当化されている上手なシステムだなと思うけど。でも、不本意な現実は量産されているから。それが、きっと、いまに代償になってくるまでは、感じられないかもね。何か起きるとしたら、旦那さんに何かが起きたときに、初めて、感じられるかも。そこまで、エスカレートさせます。このままいけば。だって、〜のせい、にする人たちがいなくなるじゃないですか。いま、旦那さんのせいでしょ」

塾生5「いや、せいだけじゃないけど」

由佐「旦那さんのせいにできるじゃないですか。旦那さんのせいという、逃げ場があるでしょ。その逃げ場に、逃げられなくなったときに、たぶん、初めて向き合えると思います。そこにいくまで、ちょっと難しいかもね、という感じ。いまのままでも延命できると思っているから。理解できます？　何が良いか、悪いか、じゃないんですよ」
塾生5「理解はできるけど、解決したい」
由佐「解決する気あるの？」
塾生5「うん」
由佐「解決しようとしているうちは、外側に何かを求めているから、何も変わりません。本当に何か変えたいんだったら、自分の内側の本当の真実に向き合ったほうが良いです。というのが、遺言という感じ？　私のね。生存本能が突破できないので、いまのまま話をしても。ものすごい防御しているから。聞いていないです、ぜんぜん。聞いていないか、聞いているか、すぐわかるんですよ。さすがに、これだけやっていると。聞かれないよね、という感じ。無駄なんだけど、一応やっておく、という感じです。どこかで知っているからね、何をしているか、自分が……」

アクセスポイントは、どこで感情が揺れるか

塾生1「ご自身が向き合っていると感じているのは、基本的には、こういうところに来ていること自体が向き合っている、ということではないですか？」
由佐「ううん。課題解決の一環です。向き合わないと、現実を変えられないから。どうしたもんかな〜、という感じだけど。向き合うというのは、感じることなんですよ。感じら

れないからね。難しいなと……」

塾生3「いまの由佐さんの心情って、怒りと愛なんですか？」

由佐「怒りなんか、ないですよ、何も……」

塾生3「よく、会社をやっていると、同じような場面って、けっこうあって。そういうとき、どういう感情で、いま、彼女に話をしていたのかなと。どんな感じ？」

由佐「命に届けたいは、あります。だから、彼女に話しているというよりも、命に聞いて欲しいという感じ。私、その次元は、顕在意識とは関係のない世界が、人間の中にあるというのは、すごい思っているので。頭は、ぜんぜんわかっていないんだけど。何かの波動がシンクロしてくれると、何かが起こるんですよ、そこから。だから、振動させているだけ。何でも良いです、言葉なんて、はっきりいって。一応、ロジカルに言っているけど。言葉は、正直、どうでもよくて。その波動に何かが反応するか、しないか、だけど。ものすごくブロックが厚いから……」

塾生5「最初から、ブロックは厚いと言われていますね。天外塾に入ったときから」

天外「これでも、だいぶ、ブロックは和らいだほうだけどね」

由佐「すごいですよ。生存本能が作っている、競争意識のブロックってすごくて。そこを針の穴を探すみたいに探すんだけど。相当強固だよね」

塾生9「針の穴を探すって、アクセスポイントという言葉を使っていたんですけど。どういう探し方をしているのかなってところを言語化していただけるのであれば、聞いておきたいなという……」

由佐「本人の感情が、どこで揺れるか、です」

塾生9「なるほど。それで、こういうところを刺していく、という」

由佐「だから、たぶん、旦那さんとの間にあることなんだけど。そこに迫っても動かないから。そこもシャットダウンされているので、アクセスポイントがないという形」

塾生9「なるほど」

塾生1「そこに揺るぎが出てきて、つっこんでいくと、開いていく、みたいな……」

由佐「そう。だから、揺れるから、すごい。波動が動くので。そこにチャンスがあるんだけど。それでも良いと言われちゃうから、難しいなと……」

塾生1「いま、塾生3さんがおっしゃっていたことも、僕は、ちょっと感じていたけど。みいちゃんは、いま、怒っているようだけど、怒っているんじゃないんですよと伝えたのが、ちょっと……」

由佐「情熱はありますよ。やっぱり、響いてほしいと思っているし。いまのままだと、たぶん、状況がエスカレートしちゃうから。旦那さんに何かが起こる以外に、たぶん……」

塾生5「天外さんに最初に言われたことを、いま思い出してしまった」

天外「以前、かなり、激しく、きわどいところまで追い詰めたのだけど、泣いてくれなかった。あそこで泣いてくれれば突破口が見えたのだけど……」

塾生5「なかなか泣けません……」

由佐「だから、なんだろうな。自分じゃないところで課題解決を図ろうというのをずっとやっていっても、それがたぶん、頓挫しているんですよね、実質は。でも、その行動を諦められない、離せないから。それをずっとやっているんだけど。その外側の行動のひとつに、自分を直すというのを入れているんですよね。でも、それじゃないんだよね、というところなので。あとは、感情がどこで揺らぐかというチャンスを待つしかない、という状態になっちゃうんですよ。命綱は、やっぱり、旦那さんだから。間違いなく、命が動くんだったら、旦那さんの何かを動かすしかないというふうに、追い込まれていっちゃうんですね。それが起きてからだと、すごい大変だから。いまのうちに観ておいたら良いのになというのは、正直あるんだけど。そんなこと言ったって、合理的にそうなっているわけじゃないからね、という感じ。でも、知っておいてください。それが、きっと、起こるということ。そこで、初めて、揺らぐかもしれない、システムが。その前に降りたいんだったら、自分は本当に旦那さんにこういうことをしちゃっていると、感情に入っていくというところが、たぶん、アクセスポイントとして持っているんだけど。そこに行きたくないんだよね、だから難しい」

塾生8「聞いても良いですか？」

由佐「いいよ」

塾生8「進んでいるだけの話じゃないですか。このままいくとご主人に何かある、という。起こらないだろうなというのもひとつの考え。何か起きるとすると、みいちゃんが、それを、何とかしてみようかなと思うの？」

由佐「思ってないよ」

塾生8「そうなの？」

由佐「うん」

塾生8「なんか、その、流れているだけのことを、みいちゃんの意志で、変わるってなんなんだろうな、って……」

由佐「触らないよ。ただ、こういうことがあり得ますという仮説を投げておくんですよ。するると、起きたときに、理解できるから。それに対応できるようにしておきたい、というだけです」

塾生8「もし、事前知識がなければ、どうなっちゃうんだっけ？」

由佐「事前知識にないと、それに翻弄されていくしかないじゃないですか。理解できているか、理解できていないかというのは、選択ができるか、できないか、の違いだと私は思っていて。構造が頭に入っていて、自分が何に直面できていないか、できているかということを知っていると、物事が起きたときに、『あっ、自分はいま、これに向き合えと言われているんだ』みたいな解釈ができるんですよね。理解しているから。それができないと、そのことをどう扱ったら良いか、無知という世界になっちゃうんですよ」
塾生8「痛っ！　みたいな。事故にあったみたいな」
由佐「そうそう。そうすると、そこでも学び損ねるから」
塾生8「変に直そうとしたら……」
由佐「結局、また、次のエスカレートしたイベントを待つしかないという状態になっていて。けっこう大変なんですよ、このサイクルをずっとやっていくのは。深刻化していく」

救済システムの危険性

塾生8「このシステムを理解しておいて。みいちゃんみたいに愛がある状態で、何も求めないまま、話してくれるぶんには良いけれども。やっぱり、同じように理解をしていて。でも、自己主張のためにひっぱっていく。特に男の人とかも多いなと思っていて。救いたいとか思われて」
由佐「わかる、わかる。男性性の一番強いのは、救済システムだから……」
塾生8「あれ、けっこう痛いんですよ」
由佐「あれは、危険なんですよ、すごく」
塾生8「それ、どうしたらいい？」
由佐「放っておいてあげてください」

塾生8「あれ、怪我する」

由佐「あれは、すごい危ない。依存させちゃう、まず。救いたいと思っているから、救われたい人たちが、わっと集まっちゃう。で、依存するので、自分の力に繋がれないんです。私、それだけは、絶対にやっちゃいけないと思っていて。その人の人生は、その人の選択だから。最善できることは、観てもらうことなんですよね。仮説を感じてもらう。要は、レンズを提供する。そこで、観られたら、自分で向き合える力をあげる、ということでしかないから。それしかやっちゃだめ、と思います。操作しちゃいけない、絶対に……」

塾生8「しようとしている人はいっぱいいたし。すごい、自分は痛い思いをしてきたなと」

由佐「それは支配とコントロールだからね」

塾生8「いま、経営者が多いから。皆、やっぱり、興味を持つじゃないですか。どこかの自分のところのスタッフが直面期だと思ったら、こうしてあげようとか、思っちゃうことが」

由佐「こうしてあげようと思ってくれるなら、直面期に何をしてほしいかって、話を聞いてあげてほしいよね」

塾生8「こわいなって」

塾生1「由佐塾に行きなさい、っていう」

塾生8「それが一番良いけどね。勘違いしてわかったつもりで……」

由佐「でも、それすらも、コントロールされるとか、操作させる体験が必要だから起こしているという見方もできるよね。こういうワークだと……」

塾生8「はい」

由佐「これじゃないとわかったら、それで良いんじゃない？　というのもあるから。何か起きちゃいけないは、私は、本当にはないと思っているんですよ」

塾生8「だね」

由佐「でも、もちろん、自分が信じているやり方はあるし。これだけは、犯しちゃいけないという領域は持っているけれど。でも、それもね……」

塾生8「その通りだわ。そこに、すごい反応している私がいる」

由佐「そうそう。それも命が体験したいことだから……」

塾生8「ごちそうさまでした！　食べました、いま」

由佐「なんでも良いんだよ、本当に。何かしなきゃいけないというのはない。無理に変わらなくても良いと思うし。でも、それがあるんだ、に気づいているということが、すごい大事だから。でも、仮説だからね。真に受けないでくださいといつも言っているのは、仮説だから。そのレンズで観たら、違うものが観えるかもしれないよ、というだけだから。その辺は、自分でどう見るかを選んだら、という感じですよね。じゃあ休憩しましょうか……」

6章

親の期待を裏切る＝自立への道

【解説】

4章に引き続いて、塾生6さんの問題が語られます。「分離」の激しい適合期で、私たちが「愛」と信じているものは「してあげる」、「してもらう」の取引にしかすぎない、とみぃちゃんは言います。親の期待にすべて応えて承認を得る、といういまのループを断ち切るためには、親の期待を裏切る必要があると指摘されます。そこまで踏み切れずに逡巡する塾生6さんは、自分が受けている抑圧が子どもに影響しているという事実を知って愕然とします。

セミナーの実録

天外「塾生6さん、もういいんだっけ？　まだ何かありそう……」

塾生6「私は、さっき、自分が仕事を辞めれば良いと言われたんですけど。やっぱり、何とか、それを辞めないで回避する方法はないのか……」

天外「塾生6さんのメンタルモデルとか、そのへんは、もう？」

由佐「価値なしモデルでしょ？」

塾生6「うん、たぶん、価値なしモデルじゃないかと……」

由佐「辞めない方法は、あるんですけど。親への承認欲求を切れるかどうか、っていうことなんですよ。そこにいることで、親の承認が得られているという状態の安全を保っているから。それを離したくないから、辞めたくないだけなんですね。でも、仕事をしたいわけじゃないいんですよ、そこで。だけど、親の承認を切るのが恐ろしくて辞められない。そこにいながら、親の承認を切れるんですか、という質問なんですよ。それは、できないから。そう、1回親を裏切る。親への裏切りってものすごく大事で。親を失望させるっていうことが、価値なしモデルの人は、絶対に通らなきゃいけないものです。失望されてお前なんて会いたくない、って親に言われたとしても、自分は一旦そこから切り離されるから。自由にはなれる。それくらいやらないとね、たぶん、繋がれたままだと難しいですよ。へその緒が繋がっているみたいな世界。だから、自立しないですよ、ぜんぜん。ずっと繋がれているから。それが不自由だよね。首に繋がれているリードを一生懸命伸ばしても、ちょっとしか半径がないから。ゴムついているし、みたいな。簡単に言うと。飼い犬化しているの。で、エサをもらえるから、愛という名のね。そんなもの、本当の愛じゃないです。子どもは、それが愛だと思っているけど。

愛のパラダイムって、面白くて。いま、人が思っている愛って、嘘ばっかり。適合のパラダイムは、『何かしてくれる、これが愛だ』『何かしてあげる、これが愛だ』、これが適合パラダイムの愛ね。この天秤で成り立っているんですよ。これが、バランスとれてる？　っていう。してもらえていること、してあげていることのバランスが、愛が成立しているかどうかっていう天秤になっている。これは、基本的には、取引なんですよ。バランスが傾くと、愛されていない、もしくは搾取されているという感じになって、分離、みたいな。いま、まさしく、これでしょ？」
塾生6「そうですね」
由佐「両親が望んでいる通りの自分になり、それをしてあげていますよね。だから、私のことを承認してくれるでしょ。これが、愛だと思っているんですよ。これは、本当は愛じゃないんですよ。
　愛ってどういうふうになっているかというと。基本的には、何かしてもらう世界には存在していないんですよ、何も。でも、子どもって、生まれてきたときに、すべて愛だと思って大きくなるから。この愛の呪縛に囚われちゃうんですね。何か相手を満たすために行動を起こすのが愛だという定義になっている。もっと言うと、奉仕が愛だと思っている。この奉仕の中に、自己犠牲という概念が組み込まれて。それに応えないということが、罪意識。罪悪感。よくできているね、って思います。だってこれで、一番支配できるから。だから、愛に応えられていないという罪悪感でしょ。いまの私が持っているのは」
塾生6「うん」

本当の愛とは

由佐「親は子どもにある、愛に応えたい、という衝動を使って、こういうふうになりなさい、ああいうふうになりなさい、こうしなさい、って。愛してほしかったら、こういうことも、ああいうこともできるようになるのよ、って。ここには、本当の愛はないんですよ。どういう意味かというと、愛は、循環から成り立っているエネルギーなので。自分の内側に自分への愛がなければ愛は巡らない。要は、自己分離を起こしている自分の内側と切り離された状態の個人の中に、愛はないんです。分離からくる怖れがあるだけ。その怖れから子どもに、何かで補うかたちで、親は奉仕するんですね。いい母親じゃなきゃいけない、もそうですし。これが愛だと思っていることをいろいろやるんだけれど。基本的には、正しさとか、自分がこうならなきゃいけないみたいなものでやっているだけで。本当の喜びから、子どもに何かしてあげていることだけじゃないっていう風になるんですよね。だから、親が自己愛がないまま子育てをしても、適合の世界での取引しか、結局はできなくて。これが、私たちがいま、思い込んでいる「愛」なんですよ。

本当の愛はどういうものかというと、自分の中にある分離を統合して、すべての私があるがままあるんです、というすべての自分を、いい悪いなく感じるところから始まります。本当に命そのもの、という器の中に、自分がいれるようになる。ここから、表現するんですよ、ただ。自分にあるどんな真実とも分離なく。この表現こそが全部、愛から生まれているから。この愛が表現されたときに、愛が循環するという形になって。それは、人間の体験としては、もれなく、喜びなんですよね。だから、奉仕という世界がなくなるんですよね。喜びから表現する、以上。そこに、正しさも、やってあげるも、取引も、何もない。

これが、本当の愛。命に繋がれると何が起こるかというと。これが命だと思っているんですけど、真実なんですよね。命そのものの中にあるものって。本当に何があるのかって、感じている世界にある真実を表現できる、というふうになるから。だから、弱いも、強いも、なくなっちゃうんですよ。あるものをただ分かち合えるという愛の世界が生まれて。お互いの中にあることを、一緒に感じようねというのが、本当の意味での、愛の世界なんですよ。だから、愛というのは、取引の世界じゃなくて、一緒に感じるという世界にしかないんですよ、本当は。何を？　愛を、です。一緒に命を感じる。あなたの中にこういう真実があるのね、って。私の中にはこういう真実があるんですよ。それを一緒に感じようねというのが、本当は、愛の世界なんだよね。これが、命を分かち合う世界にある愛なんですよ。

適合の世界の愛は、愛じゃないんだよね、残念ながら。でも、この愛に、皆、ものすごい執着しているわけですよ。してあげる、してくれる世界の愛。こんなの、愛じゃない。取引ですよ。しかも、源泉は、怖れだから。この愛で人のことを、支配するの。愛だと見せかけて。支配って、怖れからなんですよ。簡単にいうと、分離から生まれます。怖れって、何かというと、やっぱり、分離から生まれる。私とあなたは切り離されている、だから取引しよう。あなたがしてくれることによって、私はどれくらい快適になれるんですか。あなたにこれをやったら、あなたはこれくらい快適になれますよね、という取引。これ、親がやったら、子どもはどうしようもないよね。適合の世界にはまるしかないから。これが愛なんだと思い込むんだから。その愛に子どもは必死に応えるという話にしかならないでしょ。でも、もし、親が、自分の命に完全につながれていて、そこから本当に真実を表現していて、何があってもいいよってお互いを受容できたら、器の中にある愛が循環して、それをただ感じるだけで愛がある、という世界はあるんですよ、本当には。

だから、存在しているものすべてへの愛なんですよ。あるものがあるよね、それを一緒に感じて分かち合いましょう、という命の世界。命を感じ合うという感じ。これが大事。私は、これが愛だと思っています。ここに何があっても、それは命から起きていることだよね、というふうに受け止められると、人は愛を感じられるんですよ。だから、親に本当のことを言えないというのは、愛がないんですよ、ぜんぜん。だって、自分の真実を、親が命として受け止めてくれるっていう信頼がないということだから。本当にあることは、ただあるんだね、と受容されることが、人間が愛を感じるということ。いまは、ほとんどそれがなくなっちゃった。だから、皆、隠すし、嘘つくし、すり替えるし、言えないことだらけだし。でも、本当に、自分の中に、あることがあっても良いという真実に自分が立てたら、自分にあること、つまり真実を命として表現し合える。それが、愛だし、それを分かち合えることが喜びなんだよねという世界は、あると思う。いまの人間界には、ほとんどない、という感じです」

愛を感じ取ること

塾生9「『愛がない』っていうメンタルモデルの、愛がないって、同じ意味なんですか？それとは別の意味？」

由佐「それは、適合のほう」

塾生9「愛がないという言葉を使っているのは……」

由佐「愛がないっていうときの、適合の世界における愛がないは、愛情表現の取引になっている愛がない。世界から愛がなかったことなんて、1回もないんですよ。命の源泉だから。だから、命の世界でいっている愛がないという表現は、ここにある愛を感じ取れない、ということ。愛がないは、真実ではない。愛はあって、ただ、感じ取れないだけです。これが、愛がない」

塾生9「なるほど」

由佐「でも、自分の内側に命を感じ取れなかったら、愛は感じ取れないです。そこがもう最大のネックだよね。命に繋がっちゃえば、すべては本当に愛だということしか、感じないんですよ。だから、さっき言っていたみたいに、愛だと感じられるのは、自分が命に繋がっているときには、それを感じられるという受信機が開くの。だけど、そこが切れちゃうと、循環しているものなので、感じ取れなくなっちゃうんですよ。だから自分の命に繋がっていられると、愛に敏感になる。何を聞いても愛を表現しているというふうに感じられる。どんな言い方や愛情表現がされるべきか、に執着しなくなる。というのが、命の世界。適合は、相手の行動が自分の満たしたいことに的確に応えてくれているかどうかっていう試しあいだから。だから、適合では、基本的には、奉仕活動。この奉仕活動をしても相手が満たされない。そうすると怒る。私の愛は受け取られないといって、嘆く。結局、愛は欠損しているという世界に戻ってくる。これがメンタルモデルの愛がない、というモデルになります」

抑圧のエネルギーから引き起こされるもの

天外「塾生6さんの場合さ、自分の子どもとの関係は、どんな感じがする？」

塾生6「長男は……長男だけはそういう感じになっちゃっているんですよ。次男と長女に関しては、やっぱり、だんだん下にいけばいくほど、肩の力が抜けているのか、いるだけでいい、という感じになっちゃっているから。長男だけ、私に似てきていて困っています。というよりも、やっぱり、承認欲求で動いているわけじゃなくて。怒りっぽいんですよ、癇癪を起こすというか、長男だけ……」

由佐「癇癪というのは、抑圧から生まれているから。期待に応えるために自分にある真実を抑圧する、ということが起こっていなかったら、癇癪は持てないかもね」

塾生6「だから、長男だけ癇癪持ちだから。それが、私に似ているから。お前のせいで長男がこうなんだ、と言われて……」

由佐「あのね、癇癪持ちというラベルを子どもにつけないほうが良いです。そんな子いないから。抑圧されているから、それを何かのかたちで放出しないと、エネルギーが回らなくなっちゃっているという事実を見てあげられるかどうかのほうが大事。その抑圧を外してあげられるかどうかだね。我慢していると思いますよ、たぶん。やりたくないことをやっているとか。言いたいことを言っていないとか。そういう何かの抑圧が働いていて。それが怒りになって、癇癪というふうに形容される何かで、エネルギーが出ている。あいつは癇癪持ちみたいな描写って、本当に適合の世界の、ものすごい決めつけがある。その子の中に何があるのか、というのを見て、感じてあげるの、すごくいいと思うけどな」

天外「塾生6さんの場合、ここまでいろいろわかってきていて。親子の関係性みたいなものも、全部、いま、行動できるかどうかは別にして……」

由佐「理解できているよね」

天外「うん。全部わかっている、と。その場合、例えば、親の束縛を逃れるためにいまの仕事を辞めるという、ひとつの方法論があるけれども。それとは別に、自分と自分の長男の関係を見ていくという方法論は、どうなんでしょうね」

由佐「だから、自分が自立できてないからね、という感じ……」

塾生1「やっぱり、こちらというか、親のほうが変わらないと、子どもは変えられないということですね？　別に、突然、子どもだけが違う教育ということは、ぜんぜん……」

天外「いやいや、そうじゃなくて。自分の問題の鏡を長男に置く」

塾生1「そこを変えたいから、自分をちゃんと変える？」

由佐「だから、癇癪を起してくれるだけましだよね、という感じですよ。かわりに癇癪を起こしてくれてるから。本当は、とても怒っている。自分が。本当にやりたいことをやれないのも怒っているし、親に対して承認欲求を満たさなきゃいけないことにもすごく怒っているけど、出さないから、子どもに出ている」

塾生1「そういうことですね。逃避しちゃったりしていることとかがあったら、ひきこもりとかになっちゃうんですか？」

由佐「そう。抑圧が進むと、癇癪はまだエネルギーとしてそこに出ているけど。それを本当の抑圧に使い始めたら、全部、押し殺すことに持っていくので。そうすると、反作用になって、それと逆のことが起こる。まだ、外に出してくれているだけ健全だよね、いまのところ。その後は、次に来るのは、麻痺化だから。麻痺がくるので。感じませんよという世界に入られると、癇癪はなくなるかもしれないけど、その子の内側で、ずっと何かが抑圧されて。何かの時系列の中で、吹き出す、という風にもなるし。なにせ、抑圧って、不健康なんですよ、何であれ。流れているものだから、日々。あるものを、ないことにして押し込めるって、けっこうしんどいですよね、人間は。だから、それを、ちゃんと真実を明かすというかたちで、愛から受容できれば、流せるんだけど。それがあってはいけないって扱うと、抑圧になっちゃうんですよ。本当に子どもは真実を見せてくれる。親が真実を語った試しがないから、ほとんど。だから、すごく難しいですよね。この世界観って。親が、ある種、親の正しさとか、親たるものどうあらねばみたいな、正しさとか、概念を、手放さないと。子どもに本当のことを分かち合うって、すごい難しいじゃないですか。親だから強くなきゃ、ちゃんとしていなきゃ、守らなきゃ、みたいなやつで、頭の中がいっぱいだから。ちゃんとした母親にならなきゃ、ごはんをちゃんと作って、みたいな話になっているから。すごく大変ですよね。子どもは、それを見て、本当はしたくないのに我慢してやるんだなとか、いろんなことを学んでいるわけですよ。着々と。

だから、私は、本当は、大人が自分の命に繋がって正直に生きる、ってことをやれば、いまの子どもたちの抑圧は、全部解放されちゃうんじゃないかと思っています。命に繋がらない方法を、強制している。つまらなくても、そのまま我慢して、ポーカーフェイスで、ちゃんと授業を聞くのよ、みたいなやつです」

7章

メンタルモデル概説

【解説】

たまたま塾生の質問から、みぃちゃんはメンタルモデルの説明に入っていきました。このセミナーは、すべて流れのままで、計画されているわけではないのですが、一分の隙もないほどの見事な展開を見せてくれます。何人かの塾生のメンタルモデルの探求と、異なるメンタルモデルの人の間に発生する典型的な人間関係のすれ違いが語られます。

この後、メンタルモデルの総括的な説明は10章、自分のメンタルモデルを調べる方法は11章で詳しく述べます。ここでは、対話の流れに沿って、概括的に把握しましょう。

セミナーの実録

塾生1「質問良いですか？」
由佐「はい」
塾生1「さっき、価値なしモデルって……。モデルっていうのは、いくつあるんですか？」
由佐「４つ」
塾生1「４つ。ちょっと教えてもらって良いですか？」
由佐「良いですよ。１個目は、価値がない『**価値なしモデル**』。４つのメンタルモデルの奥にある痛みは皆、持っているんですよ。人類共有資産だから。なんでメンタルモデルは共有資産かというと、人間がいま集合的にこの世界にもたらされるように望んでいるものが、基本的に、命の源にある意識から生まれているものだから。だから共有しているんですよね。

価値なしモデルは、さっき言った、適合の世界が作り出したパフォーマンスに対する承認という、適合の世界の中から生み出された信念なんですよね。自分は、存在としてただいるだけでは価値がない。何かをすることで、人に価値を提供できるから、ここにいられるんだ。これが基本。これが価値なしのメンタルモデルです。これは、ほとんどの人が持っているし。特に大企業で働いている人たちはかなりの割合の人たちがこれかも。だいたい、克服型の承認欲求に駆り立てられた成果を力で叩き出す強い人たち、っていう風に見えます。優秀だと言われていて、学歴が高い、いい会社って言われるところに勤めている人たちが多い。

価値なしモデルの人たちは、**人間は、存在、つまり命として在るだけで価値なんだ、ということを思い出し、その世界を現実世界にもたらすこと**。これが、ライフミッション。

あとは、愛がない『**愛なしモデル**』。さっき言った、取引愛で人間社会の愛が定義されちゃったから。奉仕によって愛をもらい、滅私奉公型で尽くす。愛がない、のモデルの人たちの嘆きは、こんなに愛しているのに受け取られない、十分じゃない、もしくはわかってもらえないこと。学ぶポイントは、愛は行為じゃなくて、いつもあるんだよ、ってことです。それは、自己愛からしか始まらないんだ、という観点に立てれば、このメンタルモデルは昇華するという感じなんですけど。このモデルの人たちのライフミッションは、自己愛なんですよ。自己愛から、**世界には愛しかないということをもたらす**というミッションで生まれてきている。愛の定義は、命を育む生命エネルギーだから。この世界を見たらまさにその通りなんだけど。いま、人間が作り出してしまった虚構の愛を壊し、自己愛から愛を感じられる世界が創り出される、という認知を世界にもたらすこと。これがこの人たちのミッションね。

メンタルモデルって、地球上でいま、人類全体で何を求めているのかということの、表裏なんですよね。皆、本当にこの世界に求めていることがメンタルモデルの裏にある。

あとは、『**ひとりぼっちモデル**』。これは、私と天外さんのやつ。ひとりぼっちは、もともと世界はすべてワンネスでひとつに繋がっている、命として。ひとつの命ですべての生物は繋がっているという世界が大好き。だから、動物的な人です。この人たちの嘆きは、すべてひとつであるはずの繋がりが、切れちゃった、という喪失感なの。だから、分離がテーマ。離婚している人たち多いし、結婚していない人たち多いし。人間関係で、常に誰か、離れていくと思っているし。で、もうひとりでいいよと割り切っているから、強いです。ひとりで生き抜くために、ありとあらゆることをやっているという感じ。あまり人のことを信用しないし、依存したくないし、人のことを必要としないから、一匹狼がすごく多いね、見ていると。経営者、けっこう多いですよ。起業している人たちもね……。属したくないから。この人たちは、とにかく、自己表現をしたい。でも、表現していく過程で、所詮自分はひとりだ、という寂しさと孤独感を抱えている。この人たちのミッションは、**内的統合からのワンネス**です。分離なんか本当はないって。人間の本当の命題は、分離した体をもって、どう統合を図るかという、統合されたワンネス。私たちは命としてひとつだよ、という世界観をもたらしたくて仕方がない。

最後が、**『欠陥欠損モデル』**で、私は何かが欠けている。自分は十分じゃない、何か欠けている。存在そのものの中に、何か決定的に足りないものがあるという感じなの。欠けている自分に対して、自信もないし。できれば、隠れていたいみたいな感じのメンタルモデルなんですよ。欠けている、ということがばれたくない。なので、克服型の人たちは、欠けているところを一生懸命押し上げようとして、たくさん資格を取ったりとか、陰で密かにいろんな努力をしている。逃避型の人たちは、世間的にはあまり目立たないようにしています。自分は人間として不十分だ、みたいな。だから、人と違うとか、人よりも何かが欠けているとか、足りないとか。人間という感じがしないとか。そういう類の信念を持っています。

価値なしモデルと、欠陥欠損モデルは、よく似ていると言われるんだけど。欠陥欠損モデルの人たちの本当のギフトは、**人間は、欠けているところがあるデコボコのままで完全だ、**という世界観をもたらせるところ。この人たちが、一番、根っこに持ってるのは、不安なんですよね。デコボコのまま、ただあるということが、安心でいられる、とこの人たちが世界にいてくれると、皆、すごく安心してそこにいられる、という。だから、どんな人もあるがままでいいんだ、という世界をもたらしたいんです」

4つのメンタルモデルのそれぞれのミッション

塾生9「それぞれのメンタルモデルの人にとって、存在としての価値、世界には愛しかない、統合されたワンネス、というのは、そのメンタルモデルの人たちがもたらしたいものなんですか？」

由佐「そう」

塾生9「そういう世界が見たい」

由佐「そうそう。そういうミッションを持って、生まれてきているから。適合期に、これを欠損させる、必ず」

塾生6「価値なしモデルと、欠陥欠損モデルは、何が違います？　存在だけで価値があるというのと、あるがままで良いというのは？」

由佐「人間って、どんな人もいろんな欠陥や欠損があるって思っていて、デコボコな存在じゃないですか。あるがままというのは、いろんないびつなかたちをしていて、その存在のデコボコであって完全だ、という感じなんですよ、欠陥欠損モデルの人たちのミッションは。価値なしモデルは、行動成果のパフォーマンスじゃなくて、命が存在する『在ること』の価値。欠陥欠損は、でこぼこで『あるがまま』の個性の完全性という感じ」

塾生9「自覚していないレベルの人、多いやつですよね。それぞれのモデルの人たちの創り出したい世界（存在としての価値、世界には愛しかない、統合されたワンネス、あるがままで人は美しい）が、見たい世界だということ自体が、そもそも自覚していない」

由佐「していない。まったく自覚していないです。これが自覚できると、超面白いんだけど……」

塾生1「メンタルモデルは、それぞれひとりに1個ということではないんですよね？　それとも、ひとりには必ず1個？」

由佐「メンタルモデルは、絶対にどれかです」

塾生1「絶対にどれか？」

由佐「絶対にどれか。皆、痛みはすべて持っているんですよ。持っているんだけど、体を使って、その世界を創造するという行動を起こすには、何かの担当分野があるらしいというのが、私のいまの仮説で。2個持っているという人は、いないです。どれか、担当している。だから、皆、どれか持っている」

塾生1「似ているから」

天外「でも、全部の要素は持っていると思う」

由佐「全部の要素は感じ取れます、もちろん。だって、これは、集合的に痛みとして持っているものだから、人間が。この時代のメンタルモデルが、この4類型だというのが、すごく面白いと思っていて。これがある程度、進化して、それが世界にもたらされちゃったら、たぶん、次のメンタルモデルが降りてくると思うんですよ。だから、人間は世界を常に進化させているんじゃないか。だけど、何が、いま問題かというと、メンタルモデルに自覚的に生きていないから、さまよっちゃうというか。それこそ、成功だという立身出世とか、お金とか。そういう、人間社会が作り出した価値と、適合期だけに、自分の人生をかけちゃっているというのがあって。

メンタルモデルがすごく美しいと思っているのは、皆、とても美しいミッションを持って生まれてきているから。自分が本当に何をもたらしたいかということに、自覚的になって、かつ、自分の本当にこの世界を自分が望むところにするために表現するようになれたら、良いのにね、って思っています。

塾生9「なんか、さらされているような感じ……」

愛がない人たちは、愛担当だから。愛情表現。愛だ、愛だ、と言っている人たち。ずっと、愛だ、愛だ、と連呼しているみたいな感じの……」

ひとりぼっちモデルの特徴

由佐「ひとりぼっちモデルは、とにかく、孤独と絶望なんですよ。分離の悲しみ、みたいな。超寂しいけど、それを割り切って。いいもん、別に誰もいなくても、と割り切ってやっているんだけど……」

塾生1「現実的に、友だち少ないんですか？」

由佐「友だちじゃなくて、所詮、という感じです」

塾生1「友だちがいたとしても……」

由佐「いたとしても。だって、天外さんだって、いっぱい友だちいるじゃない。でも所詮ひとりだよね、という感覚。ですよね？」

天外「そうだね。だから絶対に群れない。誰かの子分にはならない。組織にも精神的には所属しない」

由佐「所詮ひとりだよね、という感じ」

天外「ある意味では、孤独に強いよ」

由佐「そう、強い」

天外「ものすごく強い。ひとりでいてもぜんぜん平気」

由佐「だから、一匹狼で、こんなおかしなことをできるのは、ひとりでもいいと思っているから。別に誰にサポートされなくてもいいよ、という強さがあるから。だから、こういう、先進的なことをやる人たちは、圧倒的にひとりぼっちモデルが多いんですよ。だって、人にどう思われるか、気にしないから。所詮ひとりでしょ、って世界に住んでいるので。誰に受け入れられなくてもあまり気にならない、という感じの強さを持っているんですけど。

本当は、すごく繋がりたいんです。でも、繋がりたいとぜんぜん傍目には見えない。飲み会とかに行くと、そんなに興味ないけど、というあり方をしている人たちが、ひとりぼっちの世界にいる人たち。いらないよ、別に、という感じ」

塾生9「本当は、その逆だと……」

由佐「本当は、そう」

塾生9「これ、かわいいですね」

由佐「その人たちは、何をやっても俺のところからいなくならないよね？　という人たちに焦がれているんですよ。だから、試しまくる、いろんなことをやって」

塾生9「試される」

由佐「そう。みんな、すごく面倒くさいって思っている」

塾生9「わかる！」

由佐「でも、しょうがないんだよね。感じる世界に生きている人たちなので。だから、愛を奉仕じゃなくて、感じ合う世界に一緒にいて欲しいというのが、ひとりぼっちの人たちってすごく強くあるんです、だから、愛されている、愛しているを、感じているよというところに、一緒にいてくれる人、大募集です。逆に、奉仕されると、そんなのいらないって言います。ひとりぼっちモデルの人に奉仕すると、面倒くさい、うざい、って言われちゃう。で、そうすると、愛なしモデルの人は、超傷つく。こんなにやっているのに愛が受け取られないって体験になるのは、だいたい、愛なしと、ひとりぼっちの組み合わせで、まあ愛情表現の不一致なんです」

天外「それが、またよく組み合わさるんだよ」

由佐「そう。これは、ゴールデンカップル（笑）」

メンタルモデルは魂が選んで生まれてくる

塾生1「これ、どこの時期で、わかるんですか？」

由佐「前半の適合期で、何を欠損させているかを見たら、全部出ているの」

塾生1「そうなんですか。それはわかるものなんですか」

由佐「あと、不本意な現実を紐解くと、全部、出ます。いろんな言い方があるけど」

塾生6「塾生1さんはどのメンタルモデルなんですか？」

由佐「どれだろう。どれですか？」

塾生1「うーん。分離かな」

由佐「ひとりぼっち？」

塾生1「うん。そんな感じがしますね」

由佐「この人たちは、自己表現をしたいから。抑圧されると、すごいしんどい。自分を表現したい」

塾生1「これは、自分で決められるんですか？」

由佐「いや、魂が。怪しい話だけど、魂が選んで、生まれてきています。間違いない」

塾生1「家庭環境とは関係なく？」

由佐「関係ない。なんでかというと、同じ親でも、兄弟で違うメンタルモデルを持っている。情報として、親の何を抽出しているのかというのは、その人が選んでいるから。親が、愛に満ちていても、親は自分のことはそんなに見てくれなかったと思ってる、みたいな感じです。だから、関係ない、親が実際に何をやっているかは。たぶん魂で決めていて、それに必要な情報を抽出して、自分のメンタルモデルを作っていっているんじゃないかと。だから防ぐことはできないです。でも、この欠損がなかったら、その世界をもたらそうというドライブはかからないので。よくできているね、と思っちゃう。『ない』世界を『ある』に変えていきたい、という。そうじゃないですか、いまの世界は。人間のやっていることって。本当はこれが欲しいということを、生み出し続けて、進化してきている動物だから。いま現在にないのは、これが世界にないんですよ。皆、価値がないと思っていて、パフォーマンスでしか評価されないことを苦しみ、愛があるはずなのに愛がないよねと言って、皆、必死になって奉仕して。本当は完全に繋がりたいという世界があるけど、所詮人なんてそんなもんでしょと、皮肉と諦めの中で生きていて、みたいな感じだから。それを進化させたい人たちが多いので。あるがままで認められたいという人たちがね。人間は何も欠けていない。皆、完全なんだよという世界をもたらしたいから。存在として、しっかりそこにいるし。これが、地球上の、たぶん、今の人間が、集合的に取り組みたいテーマなんだけど。自覚されていないという残念さがある」

塾生1「そうですね。わからないですもん」

塾生2「どこかに当てはまるんですか？　皆」

由佐「そう。どこかに当てはまる」

愛なしモデルの特徴

塾生6「例えば、愛なしだと、世界には愛しかないという、そこに行きたいんですよね？」

由佐「本当の愛を見出したいということなんです」

塾生6「本当の愛を見出したい？」

由佐「だって、いまの愛って嘘だと、さっき、説明したじゃないですか。自己愛の欠損したところに愛なんてないんですよ。で、その矛盾に、薄々気づいているの。なぜかというと、奉仕で一番疲れているのは、愛がない人たちだから。もう、へろへろなの、本当に。報われなさ感と、やってもやっても愛がない感じ。その体験を持っているから、本当の愛って何なんだろうという探求にいけるんですよ。他の人たちは、それほどの情熱を持てない。別に疲れていないし。ひとりぼっちの人たちは、絶対そんなことやらないし。奉仕者がいなくても良いと思っているから」

塾生6「本当の愛が何かを探す、という？」

由佐「そう。本当の愛ってこういうことなんだ、を見出したい人たち。それは、たぶん、自己愛からしか始まらないというのが、たぶん、これから来る水瓶座世代といわれている世代で展開する流れだと思う。

人の個性が解放されるという時代がやってくるので。そこで、たぶん、自分を愛して生きるというのが、あらゆる人の命題になるんですよ、これからの時代的には。なんとなく、その兆候ないですか？　皆、適合することに疲れちゃって、私を生きたいという感じになるんですよ。その唯一無二の私を個人が生きる時代に、絶対に必要な条件が、自己愛なんだよね。自分を愛して生きるという世界観で。そのときに活躍するのは、愛なしの人たち。なぜかというと、奉仕が愛じゃないって一番深く気づいているから」

塾生5「私は、それですか？」

由佐「なんだろうね。わかんない」

塾生5「どれにも属さない？」

由佐「属さないは、絶対にないです。どこかにある」

塾生6「塾生5さんは、本音を言わないから、わからないだけ」

由佐「そうそう。本当のことを言わないと、わからないよね」

価値なしモデルの特徴

塾生6「価値なしモデルの人は、どんな。自分はそのままで、何もしなくても価値があるというようにしたいということなんですかね？」

由佐「命に繋がるというプロセスを通して、それを承認することで、最も自分は承認されているという世界を作ることが目的。いまって、結局、人間って、自己価値と分離していて。命として価値があるって、誰も思っていない。だからこそ、パフォーマンス成果に中毒化するという状態になっていて。それに一番疲れているでしょ」

塾生6「そうですね」

由佐「ってことは、何で安心できるのかという世界に入るじゃないですか、必ず。それが、自己統合で起こることなんですよ。で、私の価値はパフォーマンスではなくて存在すること、命であることなんだ、という信念にたどり着くということが、ジャーニーなのね。これって、概念的に言ってもあまり意味はなくて。それは、歩いていることに、すごい意味があるんですよ。それを体現したときに、そうなんだよね、本当は、と、皆がそれを感じられる存在になるというのが、基本。だから、人間の器の進化ですよ、基本的に。何をするかじゃなくて。その意識状態に、人間が変わっていくことが、たぶん、地球の進化なんですよ、集合的な。だから、愛なしモデルの人が奉仕をやめて、自分が愛であるってことこそが愛なんだよねっていう在り方に変わったときに、世界は変わるんですよ、明らかに。誰も、別に誰かに奉仕なんて概念すらいらないでしょ、っていう世界がやってくるのね。でも、その意識の進化を、最初にもたらすのは、担当分野を持っている人たちだから。皆、その進化の鍵を握っているというふうに見えているんですよね。それに自覚的じゃないから、人類全体がなかなか進化しないのではと」

塾生1「バランスはどうなんですか？　バランスというのはあるんですか？」

由佐「世代によっても違うんだけど」

塾生1「4人いたら、4人、こういう人たちが集まったほうが……」

由佐「バラバラなほうが、もちろん、面白いですよ。3人いたら、3人とも違うメンタルモデル。違ったほうが、多様性があるから、面白いし。組み合いやすいのは、愛がないと、ひとりぼっちは、しょっちゅう組んでいる。夫婦でもすごい多い」

天外「それが、大変なんだよ」

由佐「そうですよね。私、パートナーはずっと皆、愛なし、です。いまの夫も含めて。たぶん、全員、愛なし」

天外「で、奉仕がうざいんだよ」

由佐「そう。相手はそれで傷つく、みたいな……」

塾生8「ひどい！(笑)」

愛なしモデルとひとりぼっちモデルの関係

由佐「かわいそうなのは、ひとりぼっちのモデルの人は、あなたの好きなことをやってよ、自由を謳歌してほしいというのが、愛情表現なんですね。一方愛なしの奉仕の人たちは、やってあげて、感謝されることが、嬉しいんですよ。でもひとりぼっちは、そんなことやってくれなくていいよ、別にやりたくないんだったらいらないし、とか言っちゃうわけですよ。で、愛なしのモデルの人はそれにすごく傷つく、みたいな感じのことが、しょっちゅう起きちゃうから。引き合いやすいんだけど、分離もしやすい。お互い、理解することが大事ですよね、ということです」

塾生9「どのメンタルモデルがというところを見るときに、僕が感じているのは、メンタルモデルが一致するかどうかで見るより、どういうことを求めているかみたいなところで見ていったほうが、お互いに合うなという感覚があって」

由佐「わかりやすいかもしれない。だけど、求めているものだけを見ても、生存適合のOS、全体像はわからない。回避行動とかは、全部、行動を見る。だから、行動を紐解いていくときに、やっぱり、どっちも理解が必要。欠損させているものだから。だけど、類型はどれかを定めるのは、そうかもしれないし、その人が何を求めているか、だいたいわかるけどね。その人の在り方にもすごく出てます」

塾生6「どんな在り方になるんですか？　それぞれ

由佐「ひとりぼっちの人たちは、もう一匹狼。天外さんみたいな感じ。僕は僕の道を行きますけど何か？　みたいな感じ。俺は俺だし、というのが確立されている感じ。人の言うことをあまり聞かないし。我が道を行きますという感じがすごく雰囲気に出ている」

天外「社長命令を何度も無視する」

由佐「だから、権威とかも、まったく興味がない。欲しいのは、自由だけ、というのが、ひとりぼっちの人たち。だから、あなたは自由でいていいよが、最高の愛情表現だと思っている。というのが、ひとりぼっちだから。見ただけでわかりますよね」

天外「愛なしの人にね、お前そんなに奉仕しないで、もっと自由にいろよ、と」

由佐「言っちゃうんだよね。それで、愛なしの人たちが、がっかりしちゃう。こんなに奉仕しているのに」

塾生8「私の気も知らないで……とね」

由佐「傷つけちゃうんですよ、けっこう、ひとりぼっちの人は。いいよ好きにしたら、と。いいよ好きにしたらが、愛情表現なんだけど。いいよ好きにしたらと言ったら、愛なしの人たちは、突き放されたと思っちゃう。見捨てられたと。そんなつもりはないのに」

塾生6「愛なしの人は、常に奉仕をしている？」

由佐「常に奉仕している」
塾生6「人のために？」
由佐「あのね、人のためにも奉仕しているし、満たせていないということが不安材料になっちゃうんですよ」
塾生6「人が、その人が困っているということが、不安材料？」
由佐「困っているんじゃない。満たせていないこと。その人がハッピーじゃないことが気になる」
塾生1「ストーカーとかじゃないですか」
由佐「気になるよね？」
塾生9「気になります！」
由佐「またちょっと違うエリアだけど、気質としてはあるかもね」
塾生9「あるかも！」
由佐「満たせてないと思うと、駆り立てられたように、それを何とかしてあげたいと思っちゃうし。何とかできないことが、すごい不安なのね。だから、一生懸命、何かをやる。満たしてあげよう、満たしてあげようと、行動が、止まらなくなっちゃう」
塾生9「ある」
由佐「だって、でも、満たせなかったりすると、ボロボロになっちゃうから」
塾生9「そうそう」

由佐「そう。だから、愛なしの人は滅私奉公型。でも、すごい、尽くすんですよ。ひとりぼっちは、それをすごい勢いで搾取するんですよ。でもって別にいらないけど、とかしまいには言っちゃう、みたいな……」

塾生2「避ける方法ってあるんですかね？」

由佐「お互いの理解です」

塾生2「会社で、僕、水を飲むんですけど。飲んだら、当然冷蔵庫から水がなくなるわけじゃないですか。でも、必ず水が増えていて。あるひとりの子が、ずっとやってくれていて。だけど、そういうのいらないから、って言ったんです」

由佐「だめ、それ！」

塾生8「ありがとうでしょ！」

塾生2「自分のことは自分でやるから、ぜんぜん気にしないで、という意味だったんですけど」

由佐「それは、愛が拒絶されたという感じになっちゃう」

塾生4「超分離。そんなこと言っちゃだめ」

由佐「それが愛なんですよ。奉仕しているその行動が、愛の表現だから。それは、もれなく感謝。いつも気をつかってくれてありがとう、って。いつも気がついたら補充されているって、本当にすごい嬉しいよ、と言ってあげないとダメ」

塾生9「めっちゃ効率いいですよ」
由佐「そうだよ、本当に。あっ、わかって使っちゃいけないんだけど（笑）」
塾生6「塾生2さんは、ひとりぼっちタイプなんですか？」
塾生2「だと思います。聞いていて」
由佐「だって、あり方はそうじゃないですか」
塾生6「そうですよね。髪の毛、自由だし」
由佐「そう。俺は別に誰にも影響されないし、っていうやり方をしているでしょ」
天外「社長なのにプロのミュージシャンやっているし」
塾生6「私も、たぶん、憧れているんですよ。だから、天外さんと同じだから、憧れているのかなと思って。うらやましいんですよ」
天外「だからね、愛なしの人はね、皆、ひとりぼっちに寄ってくるんだよ」
塾生6「でも、私は愛じゃなくて、価値なし、ですけど」
天外「価値なしの方か……」
塾生6「でも、うらやましいんですよ。価値なしは、パフォーマンスを上げるのに必死だから、とっても。自由にやっているのを見ると、うらやましい」
由佐「愛なしは、やっぱり、寂しそうな人に引き寄せられるんですよ。奉仕欲が駆り立てられるから」
塾生6「寂しそうなんですか？」

由佐「寂しそうな人たちに、ぴゅーって寄ってくる」
塾生9「めちゃくちゃ衝動ありますね」
由佐「でしょ。何とか俺がしてあげたい、になっちゃう。俺がいないとだめ、みたいな自分が好きだから」
塾生9「自分はそんなに好きじゃないですけど」
由佐「本当?」
塾生6「じゃあ、価値なし人たちは、もう、企業戦士みたいな感じですよね?」
由佐「そう。戦っている。本当に、テレビCMみたいな」
塾生6「じゃあ、欠陥欠損モデルの人たちは?」
由佐「ひっそりしているの」
塾生6「ひっそりしていて、目立たない?」
由佐「目立たない。で、指名で頼まれればすごい奉仕するけど。自分から何かをやりますというのは、あまりない。もともと。人に請われればやるけど。ちゃんと求めるというふうにすると、出てこられるけど。自分の意志で、パパパッと目立つところに出ますというふうには、あまりしないです。欠陥欠損の人たちは」

8章

外側に望まない何かが見えたら、心の源にそれが欠損している証拠

【解説】

自分で自分自身を認めていない、という想いが、皆が自分を認めてくれないという認識を作り出します。外側にある現象が先にある、ということはなく、必ず内側に何かがあり、それが外側に現れるのです。

一般常識とは違うこの真理を、ひとりの塾生に対してみいちゃんが辛抱強く説き続けます。分離の激しい「適合の世界」では、内側の分離が外側に投影されていることに本人は気づきません。ある程度統合が進んだ「ソース（源）の世界」では、内側の状態がそのまま外側に現れるので、不本意な現実が自分に起きる、という認知がなくなります。

セミナーの実録

塾生7「私、自分がどれか、わからないです」
塾生1「わからないですよね」
塾生7「価値なし、かな。お前は価値がないと言われている気はしたんですけど。聞いていて、ちょっと」
由佐「何がいま、不本意なんです？」
塾生7「不本意なこと？」
由佐「うん。簡単に紐解くと」

塾生7「宿題の話になるんですけど。宿題のことを言ったら、毎日、主人は、言ってくれるようになったんですよ。『そのままでいいよ』って。その言葉が、すごく薄っぺらで、信じられない自分がいる（注：塾生7さんには先月、ご主人に毎日『そのままでいいよ』と言ってもらうという宿題が出ていた）」

由佐「薄っぺらで信じないというふうにしておきたいんだよね。壊れちゃうから。受け取れないんですよ、それを。そのままでいいと、受け取れないでしょ。自分はそのままでいられません、だって何だから？」

塾生7「欠けているから？」

由佐「何が欠けている？　何がないですか？　だめな理由を教えて。そのままでいいよと旦那さんが言っても、そのままじゃだめなんですと言いたいんだよね。何がだめ？」

塾生7「そうなんでしょうね」

由佐「いやいや。そうなんでしょうね……ですか……いや、いいんですよ。でもちゃんと向き合えないと、何もわかりません。そのままではだめ、だって何だから、ですか？　自分は〇〇だから、って、教えて」

塾生7「自分が、だめな人間だと思っている」

由佐「何がだめ？」

塾生7「性格が悪い。旦那にひどいことを言ったりとかしちゃうんですよね。それは、罪悪感があります。だから、本当は、良い妻でありたいけれど。そこがだめ。子どもにとっても、だめな母親だと思っている」
由佐「オッケー。だめだから、何をしているんですか？」
塾生7「だめだから……」
由佐「努力してきた？」
塾生7「してきたけど、逃避もしていると思う」
由佐「そうですよ。両方やるからね」
塾生7「もう、無理、と思って」
由佐「努力して。逃避は何？　仕方がない、私はどうせだめなんだ」
塾生7「旦那に無関心。あまり、ちゃんとしない」
由佐「ちゃんとやろうとしなくて、どうせできない、という感じ？」
塾生7「そうです」
由佐「努力はするけど、こんなところはどうせできないよねというのを、バランスを取りながら、自分はそのままではだめなんだ、を維持していますよね。ね？」
塾生7「うん」
由佐「だめな自分でいると、何が良いですか？」
塾生7「楽？」
由佐「そう。だから、離さない。裏では、旦那さんに、だめなままで愛しているんでしょ、と言わせているの。そのままでいいよと言わせているから。じゃあ、誰がだめなままで良いよと受け入れていないかというと、自分。旦那さんが、それでいいよと毎日言っているのに。そんなのは心がこもっていないという言い方で、自分自身で、それを拒絶している」

塾生7「それだと、欠陥？」

由佐「欠陥欠損か、価値なしのどっちかだね。だめっていうのは、基本的には欠損ですよね。行動で補いようがないでしょ。価値なしの人たちはね、行動で補えているって思っているの、どこかで。で、欠けている人たちは、補いようがないから、ギブアップしているんです、ほとんど。だから、隠れる。どっちかというと、欠けているほうなんじゃないかなと思います。だから、そのままではだめだから、あるがままで人は美しいという世界にいきたいでしょ、という感じ。それで、あるがままで、自分が美しいという自己統合が図れないと、ありのままで人は美しいという世界にはいけない」

あるがままでいいよ、と受け入れる

塾生7「どうやったら、そんな心境になれるんでしょうか」

由佐「あるがままの自分を、旦那さんが自分に言ってくれているように、認めるということです。だめなの、嫌でしょ、言われたら」

塾生7「いや」

由佐「それをやめてと言っているんですよ。いま、仕掛けたんだけど。それなんですよ。

その抵抗が、全部、ブロックしているから」
塾生7「いま抵抗したんですね、これ」
由佐「そう。だって、いま、反応したでしょ、瞬間。だめなんだから！　と言ったら、そんなことないよ！　と立ち上がるでしょ。それが、格闘を作り出しているエネルギーそのものなんです。で、だめかどうかはわからない、ってわかります？　真実として。この世の中で誰かだめか、言ってくださいと言ったら、誰もわからないの。でも、だめだという世界があると思っているから。だめだと思っている、が真実なのね。本当にだめかどうかは、誰も知りません。そこの区別をしてほしいの。自分はだめだと思っている、ということを、右利きで生まれましたくらい、諦めてほしいんですよ」
塾生7「自分はだめと思っているのを受け入れる、まず」
由佐「そう。だって、思っているでしょ？」
塾生7「うーん……」
由佐「だって、だめだって思っているんだから、そのままでいいと、旦那さんに言ってほしいんでしょ？」
塾生7「そうですね」
由佐「あるがままの自分でいいよって。それは、だめな自分だと思っている部分も含めて、そのままでいていいよと言われたい」
塾生7「けど、信用していなかった」

由佐「ううん。信用していないんじゃない。旦那さんを信用していないんじゃなくて、自分を信用していないんですよ。自分はそのままでいていいと思えていないから、心がこもっていないという反逆の仕方で抵抗しているというだけ。だから、そのままで自分はだめなんだって思っている。だからといって、本当にだめかどうかはわかりません」

塾生7「で、いいんですか？」

由佐「で、いい。それ、受け入れられます？　だめだと思っているんですよね」

塾生7「思っています」

由佐「良かった、良かった。それで良いです」

塾生7「素で良いんですか？」

由佐「そう」

塾生7「そこにとどまっていて良いんですか？」

由佐「とどまっておいてください」

塾生1「でも、だめって思うよりは、なんか、こう。少し欠けているとか、そういうふうに感じたほうが良いんじゃないですか？　だめっていうと否定されているような感じがするけど。欠けているほうが……」

由佐「本人の中の真実がすべてだから。あのね、呪いなんですよ、言霊みたいな。だから、だめだという呪いをかけているなら、だめだというふうに自分が思っていることを受容してください、というやり方しかできないのね。他の言葉では、代替できないんです、意味が同じでも」
塾生1「もし、じゃあ、何か欠けているといえば、欠けていると」
由佐「そうそう、そういうこと。だから、『私は本当はひとりぼっちだ』と『私はひとりぼっちだ』は、ぜんぜん違う言霊なんですよ。エネルギーなんですよ。だから、本人の中で何を呪縛として持っているかというのが、その言葉に忠実にやっていくというのが、メンタルモデルを扱うときに、すごく大事なところなんですね。塾生7さんは、そのままでだめと言ったから、そのままでだめだと思っているんですね、と……」
塾生1「その言葉を返さなきゃいけないいんですね」
由佐「そうそう」
塾生7「私が言ったのを、受けて言われたんですね。気づいていなかったです」

今までのアイデンティティを保つための無意識の抵抗

由佐「私はそのままではだめだ。なんでだめなんですか？　って言ったら、性格が悪いし、ひどいことを言うんです、って。性格が良い人って誰ですか？　と言ったら、良い人キャンペーンの人たちだって、わかります？　ろくでもないですよ、はっきりいって。性格が良いなんて。性格が悪い人もいないし、性格が良い人もいないんですよ。皆、すべてを持っているから。真に受けて、だめさ加減をこの世界で作っているの、わかります？　ひどいことを言うというふうに言っているけど、ひどいことを言うと思ったら、旦那さんが何を言われているかって、また違う解釈がきっとありますよね、とかね。それでも、そのままで良いといってくれる旦那さんなんでしょ？」

塾生7「うーん。表面的に」

由佐「表面的にって言いたいのは、何があるの？」

塾生1「そこなんですね」

由佐「表面的にってしておきたいのは、何がありますか？　感じてみてほしいんだよね。旦那さんが、本当に、そのままで良いと言っているのか。それじゃ、本当にだめだといっているのか、どっち？」

塾生7「たぶん、彼は、心から言っています」

由佐「なんで、抵抗するの？」

塾生7「わからない」

由佐「ほら、出た。わからない。わからなくないでしょ」

塾生7「信用したくない自分？」

由佐「信用したくないんじゃないよ。受け入れたら、終わっちゃうんですよ」

塾生7「終わっちゃう？」

由佐「いまの戦いがね。私はだめだというアイデンティティを持続させたいの、生存本能は。それには、旦那さんが本当に自分がそのままで良いんだと思っている、という事実を受け取っちゃったら、揺らぐの、わかります？　だから、そんなことは嘘でしょって、一線をはって抵抗したいんですよ。でも、それが真実だから、しょうがないよって話なんだけど」

塾生1「受け入れた先は、良いことがある？」

由佐「呪縛から出られる。だめな自分を愛せるようになるから。だって、だめな自分が愛されているのに、自分だけ愛さないって、意味がわからないでしょ。皆、いいよそれで、って言っているのに。私だけ、そういうわけにいかないんですと、いま、言っているわけ」

塾生7「そっか、かわいそう」

由佐「間違いない」

自分が認めれば、世界中の人が認めている

塾生5「いま、本当にいいよと言ってくださる旦那様がいるから良いけど。いない場合は、どうなるんですか？　誰も認めてもらえない、欠けていて、一生懸命やっているけど、誰も認めてくれない。やっぱり、がんばらなきゃいけないんじゃないかなと思ってしまう」

由佐「それは、自己ループでしょ、適合期の。自分が認めちゃえば、皆、認めてくれます。自分が絶対に内側のソース（源）で認めていないから、認めていない世界が現れるだけ、という話なんですけど」

塾生5「皆が認めていないから、認められないんじゃなくて」

由佐「外が先って、ないんですよ。原理の中に。外側から何かが始まって、内側がそうなっちゃうなんていう世界は、ないんですよね。だから、内側に何があるから、外側がそうなっているというふうに、物事を捉えてほしいです。私が自分のことを認められていないから、人が自分のことを認めようとしても、自分は受け入れてないというのが、正確ないい方だと思います」

塾生5「受け入れています」

由佐「自分のこと認めていないんでしょ？」

塾生5「はい、認めていないです。だから、がんばりかな。認めている人がいるから、ひとり。でも、私は認めてくれる人がいないと思っているから」

由佐「認めている人なんて、世界にひとりも現れないですよ」

塾生5「現れないんですか」

由佐「だって、自分がそうじゃないから」

塾生5「自分も認めていないし」

由佐「**自分が認めたら、世界中の人は、認めています、ひとり残らず。**面白いでしょ。だから、いまの適合の世界の思考のパラダイムで何が起こるかというと、AさんとBさんとCさんがいて。Aさんは、私のことを認めているけど、Cさんは認めてくれていませんというのが、いまの認知ですよ。そんなの、ただの解釈と認知だから。あてにならないの、そういう世界って。自分がそう捉えているというだけの話ですよね。皆、適合の世界の最上限。人がいっぱいいる、いろんな人の中に、認めてくれる人もたまにはいる、くらいな感じになるんですけど。

ソース（源）の世界はなんですごいかというと、私が自分のことを完全に認めているという世界が、内側の源に現れると、外側の世界中にすべてそれを感じられるようになっちゃうんですね。だから、人に頼らないんですよ。人によって変わったりとかしないんですよ。世界が全部そういうふうだと、自分には感じ取れるという世界になるから。だから、あなたのことを認めてないと言葉で言われても、認められているという感じしかないですよ。すごい不思議な言い方なんだけど、そうなっちゃう。何かが欠けている、という世界はなくなります、この源の世界は。全部自分が現していることが、徹底して、現れるの、世界に。ここに、何か、自分が望んでいるものではないものが現れたら、内側の自分のソース（源）に、それが、欠損しているということなんですよ」

塾生5「自分に？」

由佐「自分の内側に。それがもたらされていない。要は、分離しているということだから。その分離を、自分の中で認めていったら、世界に必ず現れるという仕組み。だから、超楽なんですよ。何も人のせいとか、人に依存しなくて良くなるから。外って、完全に人依存じゃないですか。誰か、自分をいつか認めてくれる人が現れるのかな、白馬の王子様を待っていいます、みたいな感じになっちゃうから。白馬の王子様はやってこないですよ、自分のソース（源）の中にないんだから、っていう。それくらい、自分の内なる世界って、すご

「適合」の世界から「源」の世界へ

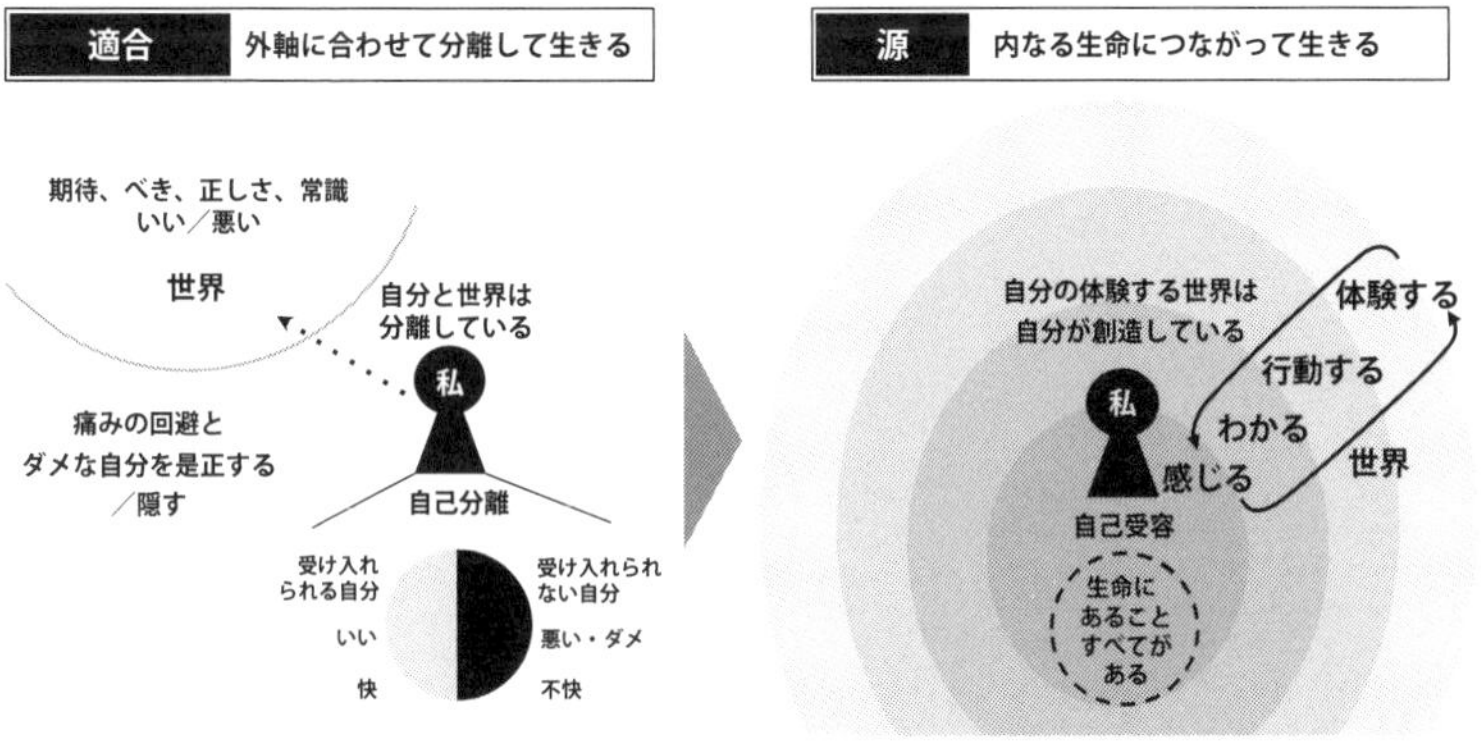

い力を持っているんだけど。そこを整える方法がわからないから、世界がまだまだ変わらない、という感じです。認めたくないは、なぜなんですか？」

塾生5「なぜ？」

由佐「うん」

塾生5「だって、能力がないから。欠けているものは満たさなきゃいけない」

由佐「でも、それ、補ってきたんでしょ？」

塾生5「はい」

由佐「その結果、皆が能力ありますと思うくらいまで伸びました」

塾生5「いえいえ、ぜんぜん」

由佐「いいね！　その否定の仕方。超面白い」

塾生5「欠けているから、少しでも満たそうと。できないことは努力してやろうと。やったほうが良い」

由佐「何が欠けているか、教えて」

塾生5「たくさんあるんですけど。例えば、運動神経が悪いんだったら、人より努力をして、運動ができるようになろうとか。人の前でしゃべるのが下手だったら、そういう教室へ行こうとか。ネガティブだったら、ポジティブな発想ができるセミナーへ行こう」

由佐「いいね、人生忙しくて」

塾生5「そういうことをやってきました」

由佐「それが人生だよね」

塾生5「はい」

由佐「だから、あなたの人生は何ですか？　と言ったら、是正行動です。全部是正行動。自分是正キャンペーン」

塾生5「そうです」

由佐「毎日が自分是正キャンペーンです。ポイントは、欠けている部分が埋まったかどうかということなんです。どうですか？」

塾生5「あまり。ほぼ変わらないです」

由佐「そうでしょ。空洞のままなんですよ。空っぽのまま。ここに山ほどこれで凹みが埋まるかも、といろんなものを突っ込んでいます。毎日、毎日、やることは凹みを埋めるため。これが人生です。ね。最後、何で死ぬと思います？　なんて自分に言って死ぬと思います？」

塾生5「なんて言って？」

由佐「うん。是正キャンペーン、ずっと、是正キャンペーンを死ぬまでがんばります」

塾生5「どれひとつうまくいかなかったな」

由佐「埋まらなかった、ですよね。そう。というシナリオを歩いてますよ、というだけのことなんですけど。こうやって死にたいんですか？　という質問になっちゃう」

塾生5「いやいや」

由佐「いいんですよ、ちゃんと寿命がくるから。でも、たぶん、年齢とともに、だんだん、いろんな行動をするのにも、体がついてこなくなり、行動がだんだん縮小されていくから。是正の矢印が、いつまでも、ものすごいエネルギーでやれるわけではないという世界がやってきたときに、どこかで止まります。そしたら、何が起こるかというと、空洞を埋める術がなくなって。そのとき、初めて、空洞が何だったのかという問いが生まれるというふうになっちゃうんです。それって、けっこう、寂しいじゃないですか」

塾生5「そうですね。何のために生きてきたんだろうって思ってしまう……」

由佐「そう。私、何のために生きてきたんだろうと言ったときが、たぶん、死ぬときの言葉だと思います。もったいないから。穴を埋めることに自分の人生を費やすんじゃなくて。自分はこんなにたくさん補うことをやってきて。ずっと、自分はこういうパターンを持ってきたよね、と愛してあげたら良いんですよ。穴なんて別に埋まらなくたって、これ自体が、補おうとする行動をやっていることで、育まれているわけでしょ？　本当は。でも、穴は埋まらないですよ、残念ながら。埋まらないって、いま、証明したじゃないですか。だから、埋めようとするのをやめて、永遠に埋まらないよね、って」
塾生5「はい。埋まらないよね」
由佐「うん。埋まらないけど、もっと豊かにする人生にできるじゃんというふうに、切り替えられるわけです。穴じゃなくて、すでにある部分を豊かにすることをやったら良いですよ。穴を埋めることじゃなくて。やっていることが、穴に、全部吸い込まれているから。だから、喜びがないんですよ。一生懸命やるけど、埋まった感じがしないって、すごい空虚な感じになっちゃうから。そこじゃなくて。自分は、空洞を埋めるのはもういいやって。すでにある部分で、喜びを感じることをやろうというふうに変えられたら、すごく豊かに暮らせると思いますよ」
塾生5「はい」

価値なしモデルと欠陥欠損モデルの違い

塾生9「だんだんわかってきたんですけど。価値なしモデルと、自分は何か欠けている欠陥欠損モデルは、とても似ているなと思っているんですけど。埋め方が、行動で埋めるか、自己成長、能力で埋めようとするかみたいな、そんな感じですか？」
由佐「欠陥欠損モデルは、埋めようとすることが、あまりよくわからないという感じ。埋めようとしているかどうかもよくわからないという感じ」

塾生9「どういうこと？」
塾生1「常に何か足りないということ？」
由佐「価値なしモデルは、期待があるの。それは埋められるだろうって達成できるものと思っている。行動で何とかなるさっていう世界なの。だから、克服型の行動中毒」
塾生9「なるほど」
塾生1「それを埋め続けて生きているということですよね？」
由佐「そう」
塾生9「欠陥欠損モデルは、探しているんだ」
由佐「欠陥欠損モデルは、自分の欠損が何をしても直らないという絶望的な感じ。一応いろんなことをやっているんだけど、穴が埋められるという期待が、あまりない。価値なしモデルは、期待も自信もある」
塾生9「本人の中で？」
由佐「うん。俺、克服できるって、信じている。だから、戦う。欠損は、戦っているというよりも、絶望しながら、穴が埋まらないことをわかっていて、不安だからそれを補おうとする行為が止まらない、みたいな感じ。価値がない人たちは、強そうだよ。戦おうとしている」
塾生6「そう。私が、そう」
由佐「欠陥欠損の人たちは、控えめな感じなんだよね。隠れて、というか。なんていうのかな。こそこそ裏で努力してるイメージ。裏で、通信講座とか、何か専門性を高めることをひとりで一生懸命やっているって感じなのが、欠損。価値なしは、表でうりゃー！　と人に自己価値を証明している」
天外「わかりやすいね」
塾生1「僕も価値なしモデルかもしれないですね」
塾生6「お医者さんは、価値なしモデルが多いかもしれない」
由佐「優秀だといわれる人たちは多いね」

塾生1「価値なしモデルで、憧れがあるのかもしれないです。何か、そういう」
塾生6「私は、天外さんと塾生2さんに憧れます、見ていて。やっぱり、価値なしモデルかもしれないですよ。憧れるんですよ」
塾生1「そうですね。憧れる」
由佐「そう。価値なしモデルは、自分がわからなくなる『カオナシ』(顔なし)モデルだから。映画『千と千尋の神隠し』のカオナシ。このモデルは、顔がある人たちにすごい惹かれる」
塾生6「そっか。だから、すごい憧れ。カオナシというのは、自分の顔がないから」
由佐「そうそう、仮面」
塾生6「常に、努力しないと、となっちゃう」
天外「『千と千尋の神隠し』、そういう意味だったのか」

由佐「たぶん、『坊』を育てている『湯婆婆』は、いまの母親の象徴。坊はひたすら、むしゃむしゃ食べているよね。カオナシは、いまのサラリーマンの象徴じゃないのかな……」

9章

人間関係のすれ違いをさらに紐解く

【解説】

7章では、「ひとりぼっち」と「愛なし」のメンタルモデルを持つカップルの人間関係のすれ違いに触れましたが、ここでは「ひとりぼっち」同士のカップルや、「ひとりぼっち」と「価値なし」のカップルのすれ違いが語られます。自分のパートナーの問題点を誰かが語っているとき、そのパートナーと同じメンタルモデルの人は、パートナーの心境が手に取るようにわかります。人間関係のすれ違いを紐解くときには、過去に提案されたどんな性格分類よりもメンタルモデルが役に立ちそうです。

セミナーの実録

塾生3「僕もメンタルモデルがだいたいわかりました。ひとりぼっちですね。自分の恋愛を考えたらわかります」

由佐「相手は愛がない、ばかり？」

塾生3「僕の嫁さんも、ひとりぼっちなんですよ、タイプとしては。僕は、創業社長だから、あなたの自由にやっていいよと言うから、バリバリできるんですよ。でも、そこに、一抹の寂しさを感じるんですよね」

由佐「それで癒しているんだね」

塾生3「そうすると、奉仕してくれる女性が寄ってくるんですよ、僕に。だから、僕が悪いわけじゃない。しょうがないんだなって」
由佐「すごい自覚を持っているんだね」
塾生3「だから、当面、続けなきゃだめだなと……」
由佐「ひとりぼっちは、異様に高い自己肯定感だよね。そう。だから、好きなことをやれるの。他の人がどう思っても、別に良いから」
天外「塾生3さんの開き直りの言い訳だね」
由佐「言えちゃうのがすごいでしょ」
塾生3「でもね、ちょっと最近は、逆を考えて。そういう嫁さんにも寂しさがあるんじゃないかって」
由佐「もちろんですよ」
塾生3「ということを考える。いま、違う自分がいます」
由佐「ひとりぼっち同士は、感じる空間がすごい大事なんですよ、一緒に。だから、何を一緒にしなくても良いんだけど。基本的に、単独行動でしょ?」
塾生3「完璧に」
由佐「でしょ。それぞれの世界で生きようね、という感じだと思うんだけど。その、それぞれの世界を生きている、たまに、同じ空間で感じ合えるというのを投資しないと、ずっと分離したまま走ります」
塾生3「それは課題ですね、結構」

由佐「そう。あえてやらないと。あえてそういう時間を作るとか。ぜんぜんなくても平気だ、という世界が作られちゃうの」

塾生9「自分がかなり意識して、定期的に予定を入れるくらいのことをしないと、放ったらかしません？　ひとりぼっちの人」

由佐「そうそう。自分から寄っていかないから」

塾生3「セックスレスになっちゃう」

由佐「ひとりぼっちって、別に、そんなの必要ないから、と思っているから」

塾生3「だから、愛をくれる女性にいっちゃう」

塾生6「わっ、超過激な発言」

塾生3「だけど、何度もあったんだけど。こういう女性は、私のこと愛している？　と聞かれたら、お前うざいよと言ってやりたくなるんだけど。こう言うと、ひどい人みたいですよね。それは、行ったり来たりします」

塾生1「好きと言われた瞬間に嫌になっちゃう感じ？」

塾生3「そうそう。私のこと愛している？　と聞くじゃないですか、そういう感じの人。天外さんがおっしゃっていたように」

由佐「だから、寂しさを埋めようとする行為がとまらないんですよ、ひとりぼっちの人は」

塾生3「それは、自覚しています」

由佐「それは、愛じゃないという自覚が起こらない限り、やめられないの、中毒化するから。人で、やっぱり、寂しさを補っちゃうから。パターンとしてくり返されちゃう」
塾生3「わかります。くり返しています」
由佐「散々、愛なしモデルの人たちの奉仕を、自分の寂しさを埋めるために使い倒すんだけど。うざくなるんですよね」
塾生3「そうそう」
由佐「うざくなった瞬間に、バン！　と切るっていうふうにして、ゲームチェンジ。また次の人に同じパターンをくり返すというのが……」
塾生3「完璧です。その通りの人生です。最近、そういうことに、ちょっと、疲れてきた。なんか、またこれか、という」
由佐「そうだよ。寂しいの止まらないから」
塾生3「そうですね」
由佐「何人相手を変えても、寂しいですよ」
塾生3「そうですよ。だから、その彼女と一緒にいても、どこかで繋がっていない感ってありますもんね。向こうは繋がり感があるみたいなんだけど」
由佐「こっちはないでしょ？」
塾生3「ないです」
由佐「ないね。いつ離れてもしょうがないよねと思っているから」
塾生1「ひとりぼっちタイプの人が、皆、そういう人だということじゃないんですよね？」

由佐「ひとりぼっちが厄介なのは、全部、手段なんですよ、人間が。自分の寂しさを補うための手段だっていうふうに、世界が現れちゃうんですよ。だから、それが、誰かというだけの話で。それが、奥さんなのか、違う人なのか、それくらいの違いってなっちゃう」

塾生3「会社で面接していても、ひとりぼっちの人を好んで自分が採用しているということに、最近、気づきましたね」

由佐「強くて、自立しているように見えるからね」

塾生3「そうそう。そういう人を。最近、ちょっとずつ、そういうのがわかってきました」

由佐「素晴らしい」

塾生3「なんか、女性社員なんかでも、どこか、父親との関係が悪いとか、そういう人を救ってあげたいと思っているというほど、かっこいいものじゃないんだけど。波長がドンと合って、採用！　というのは」

由佐「孤独で共振している。結局、その孤独が、自分と繋がれない限り、満たせないんですよ、そこが。自己分離なので。結局、分離しているから」

塾生1「ひとりぼっち同士が結婚すると、そうなんですね」

由佐「ひとりぼっち同士が結婚すると、自立したふたりが、常に違う世界で……」

塾生1「マンションの隣に住んでいて、夕飯だけ一緒に食べよう、みたいな……」

由佐「夕飯が一緒だったら、まだましだけど。そっちはそっちでやっていて、という感じで。それぞれが、自分の好きなことをやっているというのが」

塾生3「仕事的には、楽ですよね、だから。バッと1週間出張に出ても、何も言わないし」
由佐「そう。だから、自由は担保されるからね。でも、両方寂しいんですよ」
塾生7「でも、繋がりたいんですよね？　本当は」
由佐「繋がりに期待がないいんですよ、あまり。欲しいんだけど、そんなもの別にないでしょと、どこかで思っているの」
塾生7「解決策は？」
由佐「解決なんかできない。自分に繋がらない限りは」

自分に繋がるということ

塾生6「うちの旦那もひとりぼっちかしら」
由佐「どんなふう？」
塾生6「こういうセミナーとか、何かに出かけても一切文句は言わない。黙って子どもを見てくれる」
塾生7「自由は担保されているんだ」
塾生6「あと、親子キャンプって校庭でテントを張るだけですけど、絶対に行かない。父親が行かないと息子も行けないんで可哀そうなんだけど、子どもの親たちとつるむのが嫌みたい……」

天外「なんか、俺のことを言われているみたい（笑）。子どもの親たちとつるむなんて死んでも嫌だな（笑）」

塾生6「やっぱり、ひとりぼっちだね。天外さんが共振したから（笑）」

天外「旦那の問題点をいつでも言って。旦那の心境を解説してあげるよ（笑）」

塾生6「自分に繋がる、というのと、自分を愛するとは、違うんですか？」

由佐「自分を愛するというのは、自分には何でもあって良いという世界だから。基本的に、やることは同じですよ。繋がりは、自己分離って何かと言うと、自分は、自分も見切っているの。すごいストレートに言っちゃうと。こんなもんだよねとか、所詮こうでしょとか、ものすごい割り切り方で、自分を見切ります。見切っていますよね？」

塾生3「めっちゃ冷めていますね、ベースが。そうは見えないと言われるけど」

由佐「そうですよね。超冷めている」

塾生3「外は熱く見えても、中はすごい冷めている」

由佐「自分に繋がる、というのは、その自分に対する見切りをやめていくという感じです。所詮○○が、すごい多い。所詮こんなもんとか、所詮○○でしょとか、いうやつが、もうすごい勢いでこだましているから。ひとりぼっちの人は。所詮と言っているのは、自分に対しても同じだから」

塾生3「所詮死ぬんだからというのがすごく多い」

由佐「あるよね。所詮ひとりだからとかね。どうせこうでしょとか……」

塾生3「どうせ死ぬんだからよ、って、よく言っちゃいます」

由佐「そう。すごい冷めている。なので、分離って、基本的には、なくなることへの怖れなんだよね。ひとりぼっちを突き動かす。だから、なくなっちゃうんじゃないかという怖れがくると、なくしちゃえ、になっちゃうの。衝動行動みたいになっちゃうの。なくなることを怖がっているくらいなら、もう、ない！　ってしたいくらいになるから、見切りが早い。すぐ切る」

天外「で、切られた相手だけじゃなくて、切った本人も相当傷ついていたりする……」

塾生6「それって天外さんの経験談？」

天外「フ、フ、フ……」

強そうに見えるひとりぼっちモデル

塾生9「観察事実としてわかるんだけど。そういうことをしているのはわかるんだけど、なんでそういうことをしているかの心理が、まったくわからない」

由佐「なくなることへの恐れが、やばいくらい、怖いの。喪失」

塾生9「だったらなくしちゃえになる」

由佐「そう。喪失するという怖れを抱えるくらいだったら、ないです！　というほうが楽だ、という感じ。ないって元々って思え、という感じになっちゃう」
塾生1「なくなるくらいなら初めからなくします、という感じ。ひとりぼっちは。どうせない、にしておきたい。痛みがない、にする」

天外「外から見ると、強く見えるんだよね」
由佐「すごい強いね」
天外「強く見えるんだけど。本当は強くもないんだけどさ」
由佐「でも、絶対に見せないよね、それを。弱いところは絶対に見せない」
天外「そう。弱いところは見せないね。弱いところが見せられるようになると、多分統合に近づく」
由佐「弱さを見せるのは、ものすごく難しいです、ひとりぼっちの人たちは。そこを握られちゃって、いなくなられちゃったら、立ち直れない、という感じなんですよ。だから、握らせない。そこを、絶対。そんなところに依存したら死んじゃうと思っている」
塾生1「男の人は、見た目で、ちょっとわかるじゃないですか。女の人のひとりぼっちはわかりにくい」
由佐「こんな感じ（私みたいな感じ）ですよ」
塾生6「サバサバしている感じ」
由佐「サバサバしている。サバサバしているし、別に男なんていらないけどという感じの在り方をしています。ひとりで生きていけますけど何か？」

塾生4「けっこう女性のひとりぼっちは多い気が」

由佐「多い、多い。特に未婚の女性」

塾生6「私は自分のメンタルモデルとか、親への思いとかも、よくわかったので。これからじゃないかなというふうに思います。それと、夫が、どうも、メンタルモデルが、ひとりぼっちのようで……、だから、私のことはとても自由にはしてくれるんですけど。まったく、愛の言葉は、何ひとつかけてくれない理由がここでわかって」

天外「なんか、ごめんって謝りたくなった（笑）」

塾生2「自分はひとりぼっちモデルだとわかりました。会社でも、本当に、がんばってくれている子がいると、がんばらなくていいよ、やりたくないんでしょ、とか言っちゃう。大泣きして辞められたりとか、鬱になっちゃったりする子もいて。その子はちゃんと戻ってきたんですけど……。でも、そういった行動の根本には、どこかで僕も、怖さとか、繋がりに対する怖さみたいなのがすごいあって。例えば、飲み会とか、なるべく行かないようにして。会社の飲み会とか、非常に避けている。家ではわりかし上手くいっているんですけど。奥さんは、おそらく、愛なしモデルです。仲良く、いろいろぶつかったり、泣いたり、笑ったりしながら。会社でも、たぶん、もっと本当は一緒に仲良くなりたいと思っているんですけど、どこかで、それを諦めていると感じるので。問題は、そこかなと思っています。ありがとうございました」

由佐「はい、ありがとうございました。ひとりぼっちモデルでこんなに盛り上がれるのはすごいなと。世の中にとっては、大変な存在なんですよ。面倒くさくて。好きなようにやるけど、いろいろなことに無頓着だから、傷ついている人たちが満載」

天外「周りが大変なんだよ」

由佐「そう。だから、それが、本当に、周りを傷つけていることを、自覚できるかどうかが、ひとりぼっちの人たちの、すごい命題なんですけど。意外と無頓着、みたいな感じで。屍だらけだ、という感じ。でも、この、コンビネーションがあるから、世の中、豊かだから。楽しいね、って思います。本当に、終わらなくてすいませんという感じなんですけど。意識を育てていっているということをやりたいから。コンテンツじゃないが故に、終わらないんですよね。よかったら、また、思い出しに来てもらえたら嬉しいなと思っています。ありがとうございました。楽しかったです」

第2部

「分離」から「統合」へ
——基本的理解と実践法

10章

メンタルモデルについて

由佐美加子

メンタルモデルとは

メンタルモデルは、15年以上にわたって個人が人生で抱える現実の問題や悩みに対して、ひとりの人間の内的世界が外側の現実を創り出している、という原理を元に、その現実に起きている事象がどこからどのように創りだされているのか、という仕組みを、一人ひとりの内的世界の状態をある構造で可視化することによって見出してきたものです。この、現実の事象を生み出す内的世界の構造を「生存適合ＯＳ（オペレーションシステム）」と呼んでいます。外側で起きていること、体験していることのすべては、その人の内側にある内的世界から創り出されている、という仮説を元に、１０００名を超える方々の人生に起きている現実から、どんな内的な信念や痛みを抱えているのかということを個別にひたすら紐解く体験を通して、その臨床から見えてきた構造が、この生存適合ＯＳです。

これには何の既成理論も概念もなく、たくさんの方々が悩んでいる外側で起きている現実と、内側で起きていることを聞いていくうちに、この枠組みで紐解いていけることが見えた、というものです。

生存適合ＯＳは、生まれてきた時に既に世界として確立されているように思える家族や社会環境に新参者の自分がなんとか適合し、そこで受け入れられることで生存していくことを目的に、一人ひとりの中に幼少期にその原型が作り出されています。

幼児が小学生になり、思春期から成人へとその成長に従って元々のＯＳはまったく変わ

生存適合OSの構造

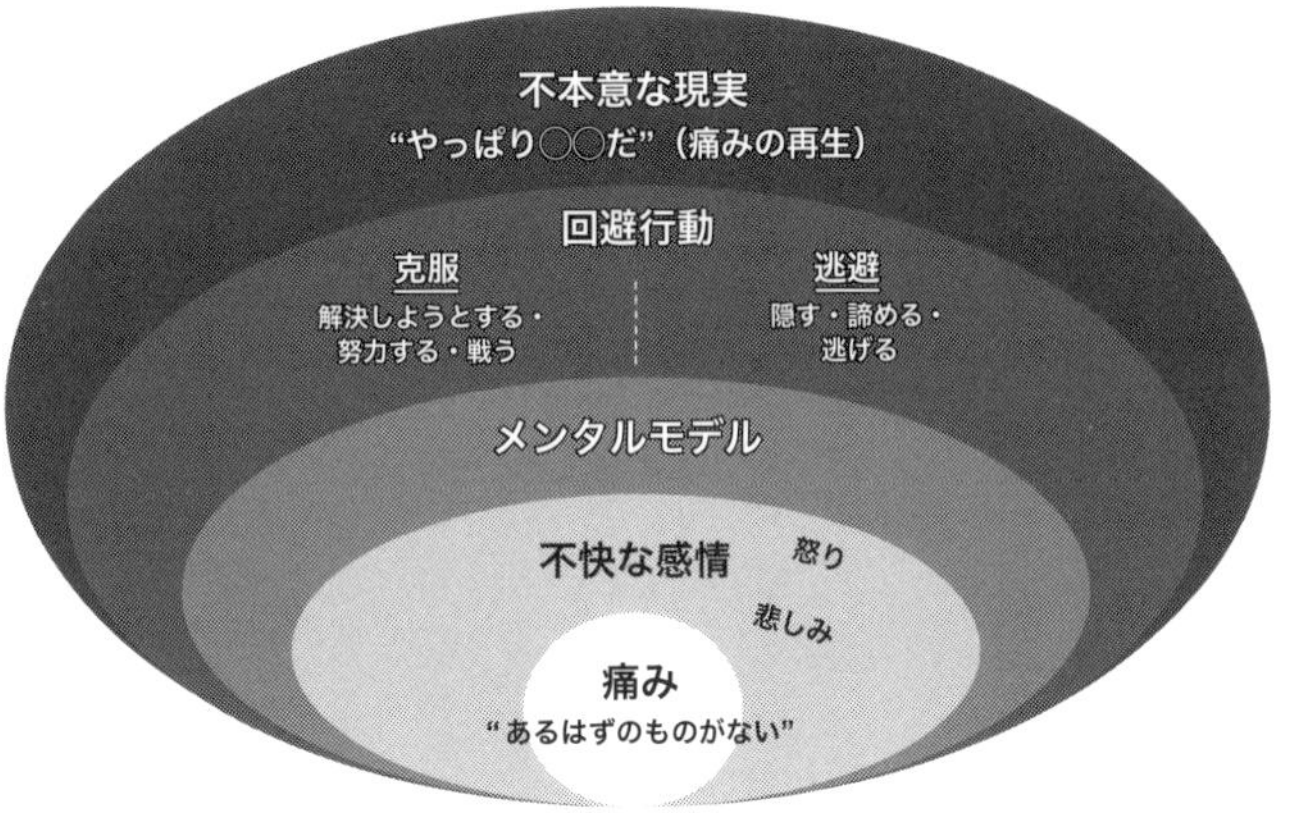

らないまま、行動だけが能力の拡大とともにどんどん高度になり、複雑化していきます。それはまるで、プログラムを元に自動的に作動し、一定のアウトプットを生み出し続けるコンピュータの仕組みと同じように、外側に起きる一定の現実というアウトプットを生み出すOS機能を、人間は完全に無自覚に内在化し、自動化されたそのシステムの中で生きているのです。

この世界であるはずだと思っていたものがないという痛み

この個人の内側にある個別に存在するOSを可視化するために、個々の人生における体験を紐解いていく過程で、この構造が幼少期からその人の内側でどのように作られていくのか、がわかってきました。

人間は誰もが固有の肉体を持って個として分離して存在している以上、絶対に避けられない体験があります。それは「痛み」を感じるという体験です。痛みはどういう時に生じるかというと、**「自分の内側でこの世界に『ある』はずだ、と思っていたものが外側の世界にはない」**という欠乏・欠損の認識が起きる時です。この世界に生まれてきたあらゆる人間が絶対にあるはずだと思いたいもの、欲しいものは、「自分はありのままで愛される」、という無条件の愛に対する信頼と、絶対的につながっているという感覚から得られる安心感です。

実際には大人になってもこれは本質的にはまったく変わらないまま強い欲求としてどんな人の中にもあります。ところが、私たちにはこのあるはずだと信じていたものが「ない」という痛みを覚える体験が小さい頃にやってきます。あるはずなのに、それがここにないという衝撃、痛みを身体で感じるその瞬間、そこには様々な感情が溢れます。怒り、悲しみ、戸惑い、パニック、恐怖、など、思考が未発達な状態でうまく思考で処理ができないまま、身体中の細胞でそれを感情として感じます。

これらの感情を感じ続けると痛みが続くので、その不快感をなんとかしないと、いう衝動が思考を使って自分と起きた事象を切り分け、その痛みが起きた理由づけをすることによって、この痛みから自分を切り離す、ということが無意識で起こるのではないかと考えています。

その時に形成されるのが、世界や自分に対する「判決」のような言語です。これがこの本の中で「メンタルモデル」と呼ぶ無自覚な信念であり、この生存適合ＯＳの大元のプログラムのようなものです。

私のメンタルモデルをつくった体験

私の場合は、2歳の時に妹を妊娠していた母が流産の危険性があると診断され、入院してしまったために、祖父母の家にひとりで数カ月の間、預けられることになりました。寂しくないようにと、夜寝るときは右側に祖母の布団、左側に祖父の布団と、ふたりの間に寝かせてもらって、これ以上ないくらい愛され、大事にされていました。

でも、いまでも克明に記憶している光景は、朝起きると右側にいるはずの祖母の布団がもぬけの殻。目が覚めてそれが目に入った時の光景、恐怖と震えるような身体感覚は、いくつになっても記憶からなくなることがありませんでした。泣きじゃくる私をまだ横の布団にいる祖父が一生懸命なだめてくれても見向きもせず、台所で朝ごはんの支度をしていた祖母が戻って来るまで泣きやまない、ということをずっとくり返していたようです。幼稚園になってからも、お迎えの時間に園庭に出て両親どちらかの顔が門の一番前に見えないと、同じ状態になっていました。

この体験が私のメンタルモデルを形成する体験になっていたのかもしれない、と気づいたのは30歳を超えてからでした。

回避行動の種類

克服型	逃避型
• 努力して克服しようとする	• 不安・恐れが強く逃避する
• 力で攻める ◦ 勝負する ◦ 達成する ◦ 能力を上げる／見せつける／証明する	• 逃げる／避ける ◦ 勝負しない／負けを避ける ◦ やらない／やらない理由を見つける ◦ 隠れる／目立たないようにする
• 文句を言う／主張する	• 言い訳する／隠す／ごまかす
• 要求する（なんで◯◯しないの？）	• 調和的（不快にさせたくない／なりたくない）
• 外に向かってエネルギーを使う （行動が増加する）	• 内に向かってエネルギーを使う （結果、ぐるぐる逡巡する）
⇒行動が目に見えるので、社会的に評価されやすい	⇒内側にあることが見えないため、社会的に評価されにくい

私がこの時の恐怖から作り出した判決は、「いつでも自分の目の前から、守ってくれる人はいなくなる」、というものです。母がそばにいなくなり、その代わりにすがるような愛着を持った祖母も目の前からいなくなってしまう。そう認知したことから生まれた恐怖が私のその後の人生の根っこになっていたのです。12章でその詳細に触れますが、そのことに気づいた時に、それまでの自分の人生に起きたこと、体験してきたことがまるでひとつの織物のように、すべての出来事や体験のすべてがそのレンズから理解できるようになりました。

このメンタルモデルが一旦できあがると、それ以降の人生はその時の痛みを2度と味わうことのないようにどうしたらいいのか、という対処行動で埋め尽くされていきます。これを痛みの「回避行動」と呼んでいます。

私の場合は、「誰に捨てられても、誰がいつ目の前からいなくなっても、とにかくひとりで生きられるようにならないと」、とまったく無自覚に強く決めていました。若い頃はそれをポジティブな自立欲求や成長意欲として捉えていたので、まさかこれが私のひとりぼっちになる痛みの回避行動だった、なんていう考えなどもちろん微塵もありませんでした。経済的にもキャリアとしても、誰にも依存しないで自分ひとりで自立して生きられる力が欲しい。20代の頃はそれしか考えていませんでした。

回避行動には、このひとりぼっちになる痛みを感じなくていいように何かの努力によって防ごうとする**「克服型」**と、その痛みに一切触れることがないように、痛みを体験する機会そのものを避けたり、どうせ○○だから、と割り切って触れないようにする**「逃避型」**があり、この適合OSを自覚できない間は、人生の中で自分のとっているすべての行動は、必ずそのどちらかになっています。つまり、どんなに正しく、素晴らしいと思う行動をしていても、実際にはこの適合OSが見えていない間は、痛みを回避するための回避行動しか本当には人生でしていない、ということなのです。

痛みを回避するための適合OSで生きる哀しみ

実際に生存適合OSを個別に紐解いていって人生で日々何をしているのか、を明らかにしていき、日々のすべての行動が実際には回避行動しかないということの事実を実感すると、誰もが本当に愕然とします。

基本的に外側に向けて自分の力を発揮しようとするパワーがある人は、努力して能力によってなんとかしようと攻めるドライブが強く、克服型の行動に走る傾向があります。自分に自信がない、自己信頼がない、など心理的に不安が強い場合は逃避型の行動をとりやすいという傾向があります。

一般的に社会の中で優秀だ、と言われている人たちは圧倒的に克服型が多く、企業組織も管理職以上のポジションにいる方々にこの傾向が強く、逃避型の部下をマネジメントできずに苦悩しているという課題が、どんな組織でも共通して見受けられます。

もちろんひとりの人間は必ず克服も逃避もどちらの行動もとっていますが、必ずどちらかの傾向がより強い行動様式になっています。

私の場合はひとりぼっちになってもいいように、と自分の能力を上げ、実力をつけようとするのが克服型の回避行動が主で、これに30代半ばくらいまではすべてのエネルギーを費やしました。回避行動としては、「どうせ人はいつでも自分のところからいなくなる」、というメンタルモデルなので、決して誰にも深く入れ込んだり依存したりせず、いなくなりそうになると自分が先にその関係性を切る、という行動を無自覚なパターンとして持っていました。その希薄な関係性が、誰にも縛られなくて最も自由で楽でいい、という割り切りと、それが自分には心地いいんだ、と完全に正当化していました。

すべての人が、まったく無自覚に創り出されている、痛みの回避を目的にしたこの適合OSの中に生きています。そして、このOSに気づかないまま生きる上で最も残念なのは、この回避行動から作り出される現実は、必ずそのメンタルモデルが創り出す「不本意な現実」であるということです。

それは、やっぱり〇〇なんだ（〇〇にはその人がメンタルモデルとして持っている特定の言葉が入ります）という体験です。どんなに卓越した回避行動を取っていたとしても、必ずその不本意な現実が何らかの事象として自分の人生に起こり、OSのアプリケーションである回避行動が能力の向上とともに卓越すればするほど、この不本意な現実も、最初は無視できるくらいだったのが徐々に無視できなくなるような事象が起き、より深刻なものにエスカレートしていきます。

4つのメンタルモデルに集約される

生存適合OSは完全に個人特有で、それぞれどんな固有の言葉をメンタルモデルとして持っているのか、そしてどんな回避行動をとっているのか、を細かいところまで見ていくと、一人ひとり必ず異なります。

痛みに触れないように創り出したメンタルモデルを形成しているその言葉は、その人が自分の生きる世界を規定し、固定化させた言霊であり、一人ひとりの生存適合OSを紐解く目的は、まるで呪いのような言霊を見つけ、解除することにあるとも言えます。

しかし、個別にこの生存適合ＯＳを紐解き、メンタルモデルを形成している言葉を見つけて、その回避行動を洗い出すことで理解が深まっていくにつれて、大きく以下の４つのメンタルモデルの類型に集約されることがわかりました。ただ、どの類型に当てはまるのかというタイプ分けが重要なのではなく、あくまでも自分はどんな生存適合ＯＳから生きているのかという全体構造を理解することが大切です。

とはいえ、それぞれのメンタルモデルにどんな特性があるのかを知っておくと、人を理解するひとつのレンズとしてとても役に立つので、決してタイプを決めつけることが目的ではない、ということを明確に理解していただいている、という前提で各メンタルモデルの特性について説明したいと思います。

Ⓐ「価値なし」モデル（私には価値がない）
Ⓑ「愛なし」モデル（私は愛されない）
Ⓒ「ひとりぼっち」モデル（私は所詮ひとりぼっちだ）
Ⓓ「欠陥欠損」モデル（私には何かが決定的に欠けている）

ちなみに、不本意な現実として、「価値なし」モデルの人は、「(こんなにやっても)やっぱり自分には価値がない」、「愛なし」モデルの人は、「(こんなにやっても)やっぱり自分は愛されない」、ひとりぼっちモデルの人は、「所詮自分はひとりぼっちだ」、「欠陥欠損」モデルの人は「やっぱり自分はダメだ」という結論に、どんな回避行動をどれだけやり尽くしたとしても、必ず行き着く体験を創り出します。

メンタルモデルは、この世界にあるはずだった何かが「ない」という人間のこの世界の体験の中にあった欠損の痛みが言語化されたもので、生存適合OSは、その痛みを回避して生きることを目的に生存本能が創り出した現実創造のメカニズムです。したがって、それぞれのメンタルモデルには、何がこの世界に「ない」のかという固定化された世界における欠損の「痛み」と、何がこの世界に「あるはず」なのかというその痛みの裏に、あるはずだと信じていた世界を創造することへの「情熱」が表裏一体で存在しています。

無自覚に生存適合OSで生きている間は、この痛みの回避だけが実際には人生を動かしているエンジンであり、この痛みが人生のどこかで情熱へと転化すると、そこから本当にはあるはずだと自分が信じていた世界を、現実的にここに「創造する」クリエーターとして情熱から生きる人生が始まります。（この転換のフェーズがどのようにひとりの人間の人生の中に起こるのかについては、2章で説明しています）。

この4つのメンタルモデルにある痛みは、多かれ少なかれ、すべての人の中に共通して存在しています。ただ、その中のどの痛みをあえてその人の人生でメンタルモデルとして持っているのか、には個別性があり、それにはとても美しい理由があると考えています。

それでは、ここでそれぞれのメンタルモデルにどんな特性があるのかを解説していきましょう。

Ⓐ「価値なし」モデル（私には価値がない）

この世に新しい命が誕生する時、その子の誕生を待ちわびていた大人たちは、「生まれてきてくれただけで本当によかった」と思います。しかし、その子が赤子から幼児へと成長していくにつれて、他の子と比べてうちの子は……という相対的な比較や、ちゃんと食べない、ちゃんと字が書けない、走るのが遅い、など何らかの行動を通したその子に対する描写や相対的な評価、「能力」の評価が必ず始まります。

人は誰もが「自分のありのままを愛されたい」と思っています。でも、生まれてきてからこの世に存在しているだけで慈しまれる時期はあっという間に終わり、必ず何かしらの行動に対する評価が始まります。期待に応えることで何らかの成果や能力を評価され、そうしたら褒めてもらえる、認めてもらえる、だから自分は愛されるんだ、と子どものうちに思い込むのはごく自然なことだと思います。

できない自分ではだめだ。自分が何かしら人に価値を提供できるから、成果を出して期待に応えられるから、だから認めてもらえるんだ、ここにいられるんだ、見てもらえるんだ、つながってもらえるんだ、という体験が価値なしモデルの人たちには共通しています。その根っこにある痛みは、**「自分がただありのままで存在しているだけでは、価値あるものとして認めてはもらえない」**という類の、命としてただ存在すること、自分の存在そのものに価値があるという、「あるはず」だった世界が欠損している、という痛みになっています。

この結果、**他の人に対して価値を出せなかったら自分にはここにいる価値はない**、と思い込む、「価値なしモデル」ができあがります。この痛みを避けるための回避行動は、がんばって能力をひたすら高め、自己価値を証明するために他人の要求や期待に応え続け、承認欲求から価値を出すためにひたすら動き続ける、という克服型になりやすい傾向があります。

この価値なしモデルが最も多くいるのが会社組織の、特に優秀で成果を出せる、と評価される人たちです。小さい頃から自己価値を高めるために努力をし、能力を上げ、圧倒的ながんばる力があり、学校にいる間は成績優秀で企業組織の中で高い達成意欲と承認欲求を元に仕事をしています。

しかし、この価値なしモデルの限界は、常に他者からの承認や評価に自分の価値が左右されてしまうので、ひたすら他者からの期待や目標の達成を目指しているうちに、自分が本当にはどうしたいのか、何をしたいのか、自分がわからなくなってしまうことです。そして、リーダーシップを求められる年齢になると、それまでただ誰かの期待に忠実に応えていれば評価されたものが、自分の意志を問われるようになり、それがないと言われて評価されなくなる、ということがよく起きています。

高い自己達成基準を持って駆り立てるようにがんばることができるので、必然的に人に対する要求や評価も厳しく、管理職になると部下に権限移譲ができない、任せられない、人を認めない、人が育てられない、などと問題視されたりします。やる気がない、価値を出せない、能力がない、など自分が決してそんな自分であってはならないという価値なしモデルの自己分離した内在化している部分は、必ず周囲の人に投影され、その人たちがついていけなくなって去っていく、もしくは自分の水準で要求しすぎて相手を潰してしまう、結局自分が一番価値を出せる、というポジションを無意識に維持してしまう、といった不本意な現実のエスカレーション（深刻化）が起こります。

最大のリスクは、ひたすらいろんな人の期待に応えて価値を出そうと自分で動いてがんばって身体を酷使しているので、能力が上がって期待が上がっていくにつれて、身体がどんどん疲弊していくというパターンがあり、年齢が上がっていってこのメンタルモデルの生存適合OSが本質的に変容するタイミングで、身体の不調が原因で動けなくなって、このシステムに強制終了がかかることもあり得ます。

このように何か深刻なことが事象としてエスカレートして顕在化する前に、**他人に委ねていた承認軸を自分が自分の価値を認めるという「自己承認」からの自分軸へとどう転換できるか、自分の内なる声を聞いて自分につながって行動を選択できるようになるか**が、このメンタルモデルの人たちの適合生存OSに振り回されている適合期から、次のフェーズへと進化するための鍵になります。

Ⓑ「愛なし」モデル（私は愛されない）

いまの社会において、愛という言葉には様々な種類があり、様々な意味づけがされていますが、「人に愛されて、人を愛して生きたい」という願いは、人間は誰もがもともと根源的な欲求として持っていて、それが人間の「幸せ」という感覚を形成している大きな要素であることは間違いないと思います。

一般的に、愛はいま、愛情表現という「行為」をベースにした取引材料として人の関係性の中で扱われています。自分が相手に「(愛情表現として)してあげていること」と、「(愛情表現として)してもらっていること、与えてもらっていること」が天秤のようにバランスがとれていると、その関係性には愛があるとして成り立っていることになります。

しかし、自分が、これが愛だと感じられる愛情表現がいつも相手から提供されるわけではありませんし、逆に自分はこれが愛だと思って相手にしている愛情表現が、相手から愛だと認識されていないということも往々にしてあります。

わかりやすい例で言えば、ひたすらがんばって夜遅くまで疲れて仕事をして家族を養っていることが自分の愛情表現だと思っている夫に対して、妻は早く帰ってきて家事を手伝ってくれる方が愛されている、と感じられるのに、といったケースがよくあります。お互いが愛情表現としてどんな表現を愛だと認識できるのか、というすり合わせがなされないまま、お互いにこれこそが愛だと思い込んだ愛情表現を相手に押し付け、自分はこんなに愛しているのに相手には全然受け取られていない、と不満がくすぶっていたりします。

したがって、誰もが求めている愛がある、愛されていると思える関係性は、このミスマッチな愛情表現の行為をお互いの天秤にのせ、なんとか釣り合わせようとする、とてつもなく困難な作業になっており、愛があるはずだった関係性がなかなかうまくいかないのも不思議はありません。

自分は愛されなかったという欠損は、相手が自分の望むような愛情表現をしてはくれなかった、ということであって、そこに愛がなかった、というのは実際には決して真実ではないのです。

愛なしモデルは、**自分が求める愛はない、自分は望む形で愛してもらえない**という欠損の体験からOSがつくられているので、恒常的な「寂しさ」を抱え、人との一対一の深いつながりに対する渇望感と恒常的な不安があります。

典型的な回避行動としては、**自分を愛してもらうためにひたすら相手に奉仕するという形で、自己犠牲的に愛を与えようとするパターンに入りやすい**傾向があります。しかし、ほとんどの場合は、感謝されないどころか、当たり前だと思われたり、不満を言われてさらなる奉仕を要求されたりするのが関の山だったりするので、愛なしモデルはこんなに自分は愛をかけているのに、自分は相手から望むようには愛されない、という嘆きと、自分が滅私奉公的に与えていることで搾取される感覚になる警戒心の中に生きていたりします。

愛なしのメンタルモデルが本当に欲しい愛ある世界は、どれくらい相手から愛をもらい、自分が与えるかというこの取引による天秤のバランスで得ようとするのではなく、人が互いにありのままを愛し、愛されるという無条件の愛の世界を深いところで求めています。この無条件の愛は、相手に愛情表現を求めて満たしてもらおうとすると、すでに条件付きになってしまうので、この愛情取引の天秤を保持している間は決して実現することがありません。

この無条件の愛が始まるところは、自分がまず自分自身を無条件で愛せるか、にあります。無条件というのは、一切の「いい、悪い」といった評価なく、自分の中に何があるかを常に「感じて」、「ああそうなんだね」と、ただその「ある」ことを感じることで理解する、という自己受容をくり返します。これを日々習慣としてくり返していくと、どんな自分を体験しても、自分の内側を観て、感じて、そこにあるものをそのまま受け止め、自分自身が求めていることを理解しようとする自己愛が育まれていきます。

この自己愛が自分の内側に器として持てるようになると、相手のことも同じように、何があっても「ああ、そうなんだね」と無条件で受け取ることができるようになり、相手の中にあるものが敏感に感じ取れるようになっていきます。つまり、**愛なしモデルがこの世界に本当はあるはずだったと思っている、ここには愛しかない、と感じられる世界とは、「無条件の自己愛」から始まります。**

自分の中に何があっても、他の人の中に何があっても、その内側にあることを「いい、悪い」なく、ただ「あるがまま分かち合い、ともに感じられる」隠し事や偽りのない、真のつながりの世界なのです。

そこには相手のために何かする、相手に何か求めるという取引は何もなく、何をしてもしなくても自分をありのまま理解し、相手のあるがままも愛せる、という、常に無条件の愛を感じられる体験になり、これが愛なしモデルの人たちが本質的に求めている関係性であり、この自己愛を源とする無条件の愛が、本当にはこの世界にある愛の本質である、ということを現実として創造し、拡げていく役割を担っています。

©「ひとりぼっち」モデル（自分はこの世界で所詮ひとりぼっちだ）

ひとりぼっちモデルはこの世界において、**絶対的にひとつにつながっているはずだったのに切り離される、という「分離の痛み」を抱えるメンタルモデル**です。

愛なしモデルはもともと愛とつながりはない、から始まるので、それがあるはずだと思える関係性に執着し、そのつながりをなんとか保とうと奉仕貢献することが回避行動になりますが、ひとりぼっちは、もともと絶対的だと思っていたつながりを喪失し、そこから所詮自分はひとりだから、ひとりで生きられるように強くなる、という回避行動になります。絶対的につながっているものに切り離された、という痛みと、さらにその痛みを避けるために自分から切り離す、といった痛みを抱え、**所詮つながりは断たれるものだ、人は自分のところから離れていくものだ、という割り切りの感覚と、どうせ自分はこの世界にひとりで生きているんだ、という独特の「孤独感」を持って生きています。**

この痛みを二度と味わいたくないという無自覚な衝動から、一方的に切り離されるという体験を回避しようと行動するので、人にそもそもあまり入れ込まない、また親密なつながりが深まるほど、いつかこのつながりは終わっていくものだという心の準備を無自覚にしていたり、相手が自分の元から去っていくと感知したら、自分から先に相手をうまく切り離すという行動によって、分離から生じる痛みを避けようとします。身体を持つ限り、私たちはもともと子宮の中でへその緒を通してすべてとつながっていたワンネスの世界から、個体として切り離され、分離したひとつの肉体としてこの世界に存在するようになります。

ひとりぼっちモデルはこの分離の痛みをドライブとして、**外界で個として独立しながらも本当は生命としてひとつの世界ですべてがつながっている、と感じられるワンネスの世界へと回帰していく、分離から統合へと向かうプロセスを牽引していくミッション**を持っています。

自分は所詮ひとりだという信念から、他の人にどう思われるか、どう見られるかをあまり気にしません。このため、人にわかってもらえないようなことであっても、自分の信念に従って新しい世界観や価値観を打ち出したり、パイオニア的な役割を果たしていることが多く、強く、一匹狼的で、個性的に見える人が多いのもひとりぼっちモデルの特徴です。

Ⓓ「欠陥欠損」モデル（私には何かが決定的に欠けている）

人は誰しもが個人としての特性は凸凹なものだと思います。とんがっているところがあれば、へこんでいるところもある。ひとりとしてその凹凸が同じ人間は存在せず、個体でみれば誰しもがその人固有の凸凹がある状態です。

この凸凹がその人の個性そのもの、なわけですが、残念ながらいまのこの世の中は、この凸凹が激しいとあまり歓迎されず、尖ったところは均され、へこんでいるところはなんとか人並みに是正するように求められ、平らな四角形になっていくことが求められたりします。

欠陥欠損モデルは、**自分はどこか出来損ないだ、人とは何かが決定的に違う、補えない欠陥を持って生まれてきてしまった、といった存在そのものに決定的に何かが欠けている、という信念をもっています。**「自分はここにいてはいけないんじゃないか？」といった世界に自分が存在することに漠然とした不安を抱え、何かまずいことが起きると必ず、自分のせいだ、自分が至らないからだ、と自分を責める反応を起こすのが特徴です。人の目が気になり、大勢の中にいると緊張し、場の空気を乱すんじゃないかととても気をつかった言動をとります。

特に逃避型の欠陥欠損モデルの人たちは、大勢の中にいると、不安気な、自信がなさそうな印象を受けることがあります。このモデルは、**自分の凹な状態もというありのままで完全・完璧であり、その自分としてこの世界に安心して居ていいんだ、というありのままで存在することへの承認、存在そのものを認知されること、どこにいても自分はここに居ていいんだ、という安心を獲得することをミッション**としています。

欠陥欠損モデルの人が、ありのままの自分でここにいていい、と安心した状態で場にいると、そこにいる誰もがそのままで安心していられる独特の安心感に包まれた空間が創られます。

人間には自意識というものがあり、ほとんどの人間が人から自分はどう見られるのか、どう思われるのか、ということをかなり無自覚にせよ意識的にせよ、とても気にしている状態でこの社会を生きています。自分はありのままでここにいていいという心理的な安全性がある場所は実はとても貴重です。ここでは心から安心して自分のありのままでいられて、本音で何を話しても大丈夫だ、と思える場所があなたの人生にありますか？　と問われたら、かなり心もとない感じがするのではないでしょうか。会社の会議、家族との夕食のテーブル、友だちとの会話、などそんな身近な場面ですら、本当に心理的な安心安全を感じられる、という場や関係性は本当に稀有ではないかと思います。

どんな個性があったとしても、自分はこの世界でありのままでいて大丈夫だ、という安心感は、本当はすべての人が欲しいものだと思います。自分は他の人と比べると何かが足りない、補いようもない欠陥品だ、という痛みをもつ欠陥欠損モデルは、**どんな個性があったとしても、私のまま、あなたのまま、ありのままで人は完全・完璧であり、それが人間として美しく、すべての人がただその人のままでここにいていいんだよ、というありのままの自分でただいられる安心感から生まれる心理的な安心・安全の場をこの世界に創り出し、拡げていくミッション**を担っているのです。

4つのメンタルモデルが進化した世界とは

「この4つのメンタルモデルしかないんですか?」という質問をよく受けます。答えはいまのところ、いまの人類として集合的に取り組みたいテーマとしてそのようになっているようなんです、としか言えません。メンタルモデルはこの類型分けをすることから始めたのではなく、個人のいろんな問題や課題を相談され、その構造を紐解いていく過程で人生の中で痛みの体験から創り出された、この世界や自分に対する判決のような言葉を見つけていくうちに、その信念を表す言葉がこの4つの類型に大きく分けられる、ということがわかった、というのが事実です。

メンタルモデルが興味深いのは、その信念がその人のすべての日常の言動と現実に現れている、ということです。つまり、このレベルで人のことを理解できると、なぜその人がその行為や行動をするのか、なぜそういう現実を体験しているのか、ということが容易にわかるようになります。

またエスカレートしている、というふうに起きる事象を捉えられるようになると、次にどういうことが起こりうるのか、どんな展開になっていくのか、ということがある程度見えるようになり、それが起きた時に、驚きにはならなくなります。

経営者という同じ仕事をしていても、そのリーダーシップスタイルはこのメンタルモデルが大きく影響していることがわかります。

価値なしの社長は価値を出せる人間を集めて会社を成長させようと価値の向上にひたすら邁進していたり、愛なしモデルは、会社の中での良好な人間関係や温かい人としてのつながり、人の成長ややりがいなどに心を砕いていたりします。

ひとりぼっちはみんなが自分のやりたいことを自由にやれるカルチャーを重要視し、一緒にやりたいなら歓迎、でも去る者追わず、というスタンスで組織をみています。

欠陥欠損モデルは自分が出過ぎず、自分が牽引していくというよりも、一緒に働いているみんなが安心して個々がそれぞれの力を出せるようにするにはどうしたらいいのか、ということに関心が向きます。

適合期のこのメンタルモデルから創られる生存適合ＯＳに無自覚なうちは、自動的にそのメンタルモデルの痛みの回避行動をとるしかない人生になります。でも、自分のメンタルモデルと、このOSの構造が俯瞰して見えるようになると、現実に起こる不本意な現実に対する認知に変化が起こり、自分の行動を引いて観られる観点や内省力が身についていきます。

そして、反応的にその回避行動をとるのではなく、それまで痛みの回避行動に向けられていたエネルギーは、自分が望むこれがあるはずだ、と信じる世界を表現するための行動に向けていくようになるのです。

このメンタルモデルからの人の進化を踏まえると、そこから生み出される世界は、きっとこんな感じだと思うのです。これがもしいまこの地球にいる人たちが創り出そうとしている世界だとしたら、この世界はとても美しく進化していくのではないでしょうか。

- **自己価値が行動や成果の相対化に左右されることなく、誰もが命としてここに存在すること、絶対的な存在価値でこの世界におけるすべての人の価値が認められている。（価値なしモデル）**
- **誰もが自分自身を無条件に愛し、真実からありのままを理解し合える関係性で人間同士がつながっている。（愛なしモデル）**
- **個として誰もが自立している存在でありながら、人が命の全体性の一部を担っている、**

４つのメンタルモデルのテーマ

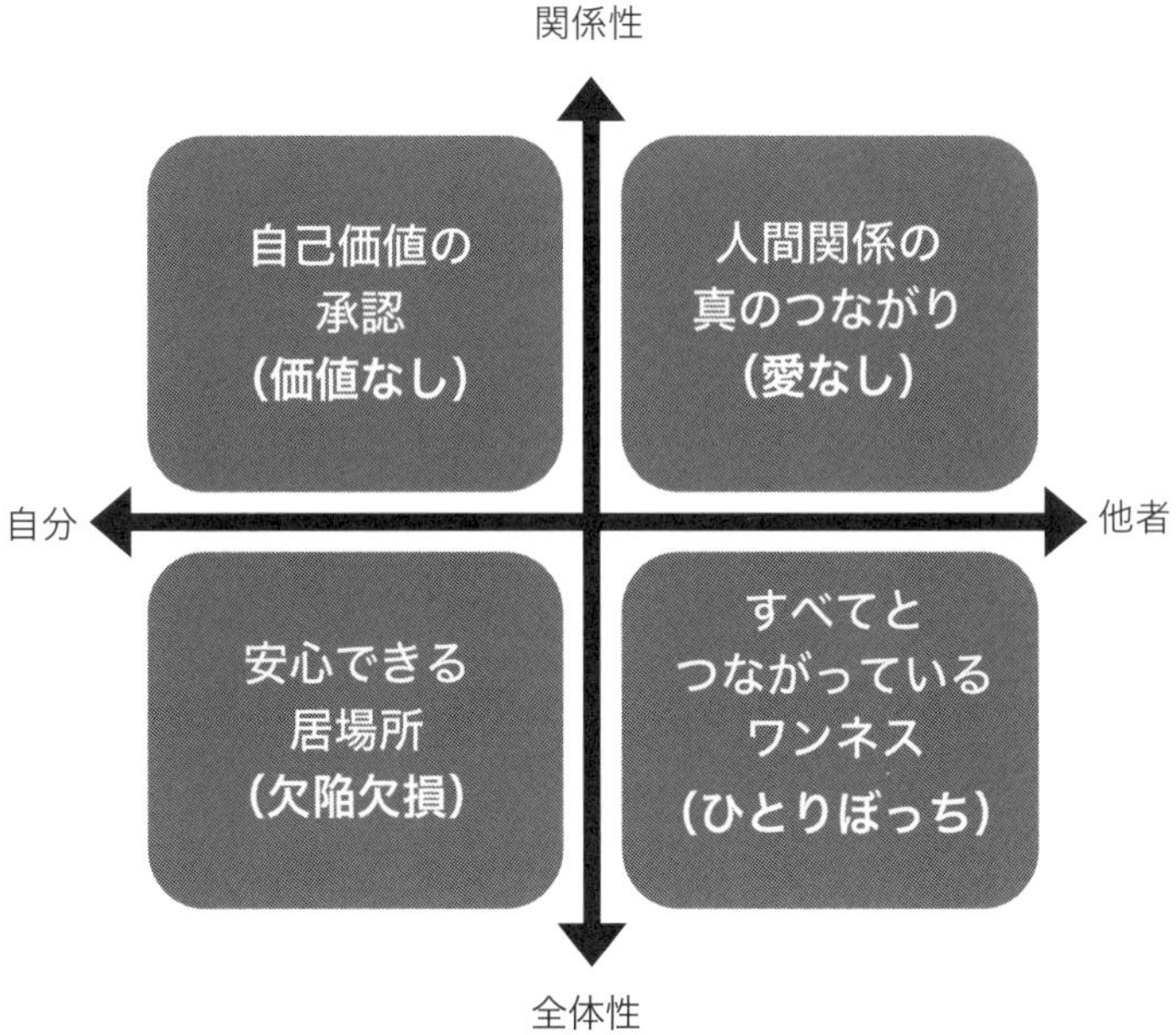

その一部として生かされている、というワンネスの感覚の中で誰もが自分の人生を生きている。（ひとりぼっちモデル）

・凸凹のまま、そのありのままでいて人は完全で、誰もがどこにいても自分のままで安心して居ていい、と思える調和がある世界になっている。（欠陥欠損モデル）

11章

自分のメンタルモデルを見つける意味

由佐美加子

メンタルモデルをどのように見つけるか

メンタルモデルはいま4つの種類がある、という仮説になっていますが、この4つの中から自分がどのメンタルモデルなのか、を特定することがもともとの本質的な目的ではありません。何よりも大事なことは、まず自分の不本意な現実を外側で生み出し続けている内的システムの全体像を可視化し、俯瞰できている状態になる、ということです。

10章の生存適合OSの構造を使って、1対1のやりとりを通して、いま人生に起きている不本意な現実の出来事から紐解いていく。そのプロセスによって、まず自分の不本意な現実を外側で生み出し続けている内的システムの全体像を可視化し、俯瞰できる状態になる、ということが何よりも大事です。

その次に大切なのが、メンタルモデルとして持っているその人固有の言霊そのものを、その人の中で探し当てていくことです。

私のメンタルモデルの類型は「ひとりぼっち」ですが、私のメンタルモデルの言霊は、**「いなくなっちゃう」**です。この言葉を心の中で感じると、自分の奥にある痛みが触発され、今でも涙が出てくるような感覚になります。メンタルモデルを発見して15年以上もたち、どんなに理解が深まっても、決してこの感覚が自分の中からなくなることがありません。このように、同じひとりぼっちという種類のメンタルモデルでも、言霊のレベルでは必ずその人固有のものがあります。

なぜこの言霊を見つけていくことが大切なのかというと、このメンタルモデルを表すその人の言葉が持っているエネルギー、つまり「言霊」が、その人の内側の根幹にある痛みと、そこにある悲しみや怒りといった感情につながることができる鍵となっているからです。

ひとりぼっちだ、愛がない、といった種類やその意味が重要なのではありません。過去の痛みや不快な感情が凍結されている、その人の内側を感じる空間を封印してきた鍵を、自分の口から音として発して「感じる」ことによって、この感じる世界の封印が解かれる、という作用がその人の内側で起こる。これがメンタルモデルの最大の力だと思っています。

この封印解除の作用が、その人の最も大きな内的変容への扉になります。なぜなら、痛みを感じないようにすることで、思考によって強化されてきた回避行動に駆り立てる内側のエンジンは、この言霊を発見し、身体で感じる体験を通して、それ以降、この深い痛みに通じているすべての痛みを感じることを赦されるようになります。

その内側のエンジンは自分の中にある痛みや悲しみを「感じられる」、「感じてもいい」という状態へと変わっていきます。そして、痛みや不快な感情を抱きたくないと回避行動へとひたすら自動的に駆り立てていた内側のエンジンは、その力を失っていくのです。

この生存適合OSの全体像と言霊を見つけていくメンタルモデルのプロセスは、個人の内的変容を起こす、という観点ではとても大きな価値があります。ただし、このプロセスは1対1の個人セッションを通してしかできないという制約があります。この15年で

1000人以上の個人の生存適合OSとメンタルモデルを1対1で紐解いてきていますが、その体験の蓄積の中から見えたのが、いまの時代の個人がもつメンタルモデルは、どうやら全体として大きく4種類に分けられる、という事実です。

この4つのメンタルモデルという類型が生まれたことの最大のメリットのひとつは、個人セッションで自分のメンタルモデルが言霊レベルまで落とせなくても、自分がどの種類のメンタルモデルなのか、がわかることによって自分を観察するひとつのレンズとなり、自己理解が深まるということです。

もうひとつの最大のメリットは、このメンタルモデルの特性を知ることで、他者のとる行動に対して深いレベルから見ることができるようになる、理解できるようになる、という他者理解においてとても役立つところです。このメンタルモデルがお互いに理解できるようになると、あらゆる人間関係に生じる不本意な現実が格段に扱いやすくなります。

なので、ここでは、簡単に自分がどのメンタルモデルに該当しそうか、というあたりをつけられるように、各メンタルモデルの表面的につかみやすい、特徴的なポイントだけをわかりやすく書いてみます。

ひとりぼっちモデル

まず、4つの種類の中で、一番外見でわかりやすいのは、ひとりぼっち、の「分離型」のメンタルモデルの人です。ひとりぼっちの人の生き方は**「来るもの拒まず、去る者追わず。自分は自分の道を行く」**という感じです。

在り方は個性的でユニーク。人と違うユニークなものを着ている、本人しかわからないこだわりの服を着ている、など独自のスタイルを持ち、基本的に人の目をあまり気にしません。自分は自分の考えで自分のやり方を通す、という人や体制に巻かれない、自分を曲げない独特の強さを持ち、組織の中では一匹狼的に自由に好きなことしかしない人、と見られたりします。

新しいものを創り出したり、世の中に打ち出したりといった革新的な仕事に向いていて、無から有へと新しい世界を創造し続けるパイオニアで、破壊者でもあるチャレンジャーです。同じひとりぼっちのメンタルモデルの人たちがグループになって集まると、人や周囲に合わせようという気概がなく、口々に自分が言いたいことを遠慮なく言い放ち、あまり人の話は聞かないので、その場はばらばらとしていて、まとまらない感じになります。

よくある口癖は、**「みんなは〇〇かもしれないけど、私は〇〇だから」「みんな好きにしたらいいよ」**。

チャレンジは、人間関係やパートナーシップにおいて分離しやすいので、人をあっさりと見切ってしまう、もしくはそう思われやすいこと、自分はあなたには必要ないと人に思わせてしまうこと。分離の痛みが強いので、その痛みを感じないために、もういい、したいようにしたらいい、と関係性を繋ぎとめようとせずに離れてしまう傾向があります。

そして、そんなことは気にも留めていないというふうに装いながら、**裏で独特の痛みと孤独感を抱えています。**ひとりぼっちは非言語の感じとる力が強いので、実はいろいろと人の深いところを感じ取っています。ただぶっきらぼうに見せて言葉にはしないので、表向き全然人にはわからないのですが、人に対して本当はとても繊細な配慮や優しさを持っています。

ひとりぼっちのメンタルモデルの経営者は、常に新しく何かを立ち上げていける、新しいものに挑戦していける、機動力が高く、誰もが自由に好きにやれる組織環境を志向します。既存の組織を維持、拡大して大きくしていくよりも、自分の感性とそれに共鳴する仲間たちで新しい事業や領域を立ち上げ、新しいことにチャレンジして、冒険していける分散型のベンチャー的な経営をする傾向があります。

価値なしモデル

次に、「価値なし」のメンタルモデルの人ですが、その生き方は**「社会の中で自分自身の価値、もしくは自分が関わっているものの価値が認められるように、ひたすらがんばる」**

という克服型の回避行動が特徴です。

適合していく過程の中で周りの期待に応え、自己価値の証明に駆り立てられるので、社会的に求められる能力が高く、大きな組織の管理職に多いメンタルモデルです。既存の組織や社会システムを回している主戦力になっています。

よくある口癖は、**「やればできる」「それは意味があるのか？」**。

価値なしのメンタルモデルの人のチャレンジは、**自分の価値を認め、他者に求められることよりも、自分を満たすことを優先すること、自分を大切にすること**です。これができるようになると、自分と違う人の価値観や個性、多様性も認めることができるようになります。

べき論や正しさではなく、自分にとって大切なことを大切にするために、自分の好きなようにしていい、価値があろうがなかろうが、やりたいなら自分にやらせてあげる、周囲の求めることにがんばって応えないと、ちゃんとやらないと、という正しさやストイックさをとにかく「ゆるめる」こと、自分が何を求めているのかを感じられる空間を自分に作ることが大切です。

価値なしのメンタルモデルの経営者は、責任感も達成意欲も強く、精神的・肉体的にもタフで、いまの社会システムの中で確実に成果を出す高い能力を持っています。しかし、他者からの要求や期待に対して承認欲求で応えるパターンで適合期を成功していくので、思考が作り出す課題解決に駆り立てられてしまいます。そのため、自分に意識を向けて、自分自身の内面を見つめて内省力を磨き、自分のもつ価値観とは異なる人間の多様性を認められる真のリーダーへと脱皮していけるか、が課題になります。

もうひとつの課題は、止まらない行動です。多くのこのモデルの人が価値を出し続けるために自分の身体のリズムやサイクルを無視して身体を酷使していることが多く、止まったら価値が出せないという強迫観念で予定を入れてしまう、いつも何かやってないと落ち着かない、など過剰に動き続けてしまう傾向があります。しかもそれを自覚できていないケースが多く見られます。年齢が上がってくると、身体の疲弊や疲労がケガや病気のリスクになっていきます。

価値なしは、あらゆる場でその時に期待されていることに応えようとする感知能力が高く、要求されていることを明確にしてちゃんとやろうとします。基本的に価値があること、意味があることだけに自分のエネルギーを使いたいと思っています。

そのため、意味がない、価値がないと思った事や人にエネルギーを費やすことに意欲が湧きません。自分にとって価値があると思えることを、価値があると思える人たちと効率よくやりたい、と望むため、自分の求める水準に見合う人だけを結集した強者連合のようなチームを形成していく傾向があります。何か期待や目標が設定されると、自分はここでそれに見合う価値を出せているのか、価値があると認められているのか、ということを無自覚でもどこかで常に意識しています。

ひとりぼっちと価値なしのこのふたつのメンタルモデルの人は、どちらも回避行動は克服型優位が多く、強く自信のある印象を受けます。**ひとりぼっちは、「私は私ですけど何か？」というBeingの強さ**が全面に出るので、よく言えば個性的、ある意味ではちょっと偉そうで傲慢な雰囲気を出しています。人からすると、一見「この人、人に関わられたくないのかな？」という印象を受けます。価値なしは、**「優秀そう」「ちゃんとなんでもできそう」というDoingの能力の高さ**を醸し出した在り方をしています。

愛なしモデル

愛なしのメンタルモデルのキーワードは、無条件の受容と真実を分かち合える真の関係性です。

価値なしモデルが、兄弟や同じ年齢の集団の中での相対比較によって脅かされるコミュニティーにおける他者からの自分の存在価値の認知によって形成されるのに対して、愛なしモデルは、幼児期の親との関係性、男性は特に母親との愛のつながりがその形成に強く影響しているようです。幼児の頃に自分が欲しい形で愛情をかけられることがなかった、抑圧したという経験があり、その欲求が満たされないまま大きくなっています。その影響か、年齢に関係なく、在り方にどこか子どもっぽい純粋な要素があります。

よくある口癖は、**「わかり合いたい」**、**「本当のことを言って欲しい」**です。

1対1の関係性のつながりを大切にする愛なしのメンタルモデルの人たちがグループになって集まると、柔らかく、優しく、受容的な雰囲気になります。愛なしは**人を満たすこと、人を快適にすることで自分は愛されるはずだ、という奉仕によって愛情を得ようとする行動パターン**を持つので、誰に対してもいい人的に立ち振る舞い、配慮を怠りません。そして、人が不快な状態になると、なんとかそれを解消しようと働きかけます。

愛なしのメンタルモデルの人たちは常に人に何か奉仕的に貢献的に振る舞い、それを愛情表現としてやっているので、それを愛だと感謝と承認で受け取られること、を無意識に求めています。それがないと、知らないうちになんか疲れてしまう、自分はやってあげるばっかりだ、という満たされない感覚になります。

チャレンジは**人を快適にすることばかりに自分のエネルギーを使うのではなく、ありのままの自分を受けいれて、その自分のままで愛されていいと赦すこと**です。

自己愛が育まれるまではいい人ばかりをやって疲れてしまうというパターンから抜けられず、これだけ自分が愛をかけるから愛してもらえる、でもどんな自分でも愛されるわけじゃない、という無自覚な思い込みを強化します。自分を満たし、ありのままますべてを受け入れる自分に進化していくことが鍵になります。

愛なしのメンタルモデルの経営者の特徴は、自分が関わる人たちが幸せで満たされていることを大切にしているところです。人に与えることが自分の愛情表現だと思っているので、人を大切にケアしようとしますし、人とつながることに時間とエネルギーを使います。与えることで大きな循環を起こし、会社を成長させていきます。

寛容で愛が深く、自分が関わる人たちを満たそうとするので、逆に自分に与えられる愛に関しても敏感なセンサーをもっています。ビジョンや想いの純度や愛を感じられるか、愛があるかどうかを自分の価値判断の大きな要素にしている経営者が多いのも、愛なしのメンタルモデルの特徴です。

欠陥欠損モデル

欠陥欠損のメンタルモデルの人が欲しいものは、**この社会、この世界に自分がそのままで存在していられることの心理的な安心感**です。

適合期の欠陥欠損のモデルの人たちの在り方としては、どこか影があるような、はかなげで繊細な印象を受けます。こんな自分でいいのだろうか、自分が至らないせいだ、出来損ないだ、といった自己卑下の思考が回りやすいので、とにかく不安になりやすく、どこか自信がない感じになります。

反対にこのメンタルモデルで克服型の回避行動をとっている人は、どこに向かっているかよくわかっていないけど、自分が必要とされていると思うところで、とても活発に精力的に活動していたりします。

同じ欠損欠陥のメンタルモデルの人たちがグループになると、独特の安定感、結束感が醸し出され、安心に包まれた場がそこに生まれます。人の痛みに繊細で、一般的に社会的弱者や異質だと言われている人たちに対する共感性と受容性が高く、人間がどんな凸凹に見えても、ありのままの人間の純粋な美しさとして愛せる力を持っています。

「自分が、自分が！」と前に出るよりも、裏にいてじつに細やかな采配をし、その成果はその人がいないと成せなかったのに、そのことを最後は誰も気づいていないような精神性の高い支え方ができるのも、このメンタルモデルの人たちにしかできない在り方の素晴らしい個性です。

チャレンジは、**とにかく根強い不安感からそれを払拭しようと行動するのではなく、自分が安心で満たされた状態でその場に「在る」ことが最大の貢献でありミッション**であるということを体得することです。このメンタルモデルの人たちに不安になったときにお勧めしたい魔法の言葉は、**「大丈夫！」**です。

欠陥欠損モデルの経営者やリーダーたちは、誰もが皆、安心していられる、その場にいるすべての人が含まれ、存在を認知されている、と感じられる居場所を作り出すことができます。

このメンタルモデルのリーダーは、表舞台で目立った成果を上げて、その評価でポジションが上がっていくような縦型の組織では、その出現率はとても低くなります。

でも、リーダーは、強くて優秀であるべきという前提はこれから大きく時代の流れとともに変容します。変化が激しく誰にも解がない世界においては、何があってもいいという心理的な安心・安全が感じられる場のオープンで、本音の対話から全員で集合知を生み出す場をつくれるファシリテーター型のリーダーが求められていくからです。俺はできるぞ！　強いぞ！　といった強さと支配力ではなく、人間の本質を理解し、弱さや脆さも包含した全体性のエネルギーを引き出すこれからの時代に求められるリーダーシップは、このメンタルモデルのリーダーたちの進化と活躍にかかっている、とも言えます。

愛なしと欠陥欠損のメンタルモデルは、回避行動はひとりぼっちと価値なしに比べて逃避型の傾向が主になります。強い圧迫感というよりも、優しくて繊細な包容力という感じのエネルギーを感じさせる人たちです。

自分と人をこのメンタルモデルのレンズから見ると、その人の行動に対して「いい、悪い」という評価はしなくなり、「ああ、だからそういう行動をとるんだね」、「だからそんな風に反応しちゃうんだね」、「これが本当には欲しいものなんだね」というふうに、表面的な解釈では得られない深い自己理解、人との相互理解ができるようになります。

人は誰もがこんな痛みとミッションを持ちながら、この世界を集合的に進化させるための役割を担って、その時その時のその人の意識から最善の行動をとっている。そんな自分や人への慈しみがこのメンタルモデルの全体像の理解から広がることを願っています。

いかがでしょうか？　自分のメンタルモデルはなんとなくこれかなあ、という風に見えてきましたか？

図の中に、各メンタルモデルの特性と特徴的なキーワードを載せてありますので、自分がどれに該当するのかを考える上でぜひ参考にしていただけたらと思います。

C. ひとりぼっち	D. 欠陥欠損
「所詮自分はひとりぼっちだ」人が去っていく、離れていく、つながりが絶たれる分離の痛み。	（こんなにやっても）「やっぱり自分はダメだ」自分には決して埋まらない決定的な欠陥がある。
■所詮、人はひとりで生きているという**孤独感** ■人は**いなくなる**し、**去っていく**ものだという**割り切り** ■**来るもの拒まず、去る者追わず** ■人に過剰に**入れ込まない、執着しない** ■**人の目は気にしない**で自分がやりたいようにやっている ■集団の中では**個性的で一匹狼**だ ■人間が**面倒くさい**と感じる ■**何にも制約されずに自由**に生きたい ■誰にも決して**従属しない、縛られたくない、**人も縛りたくない ■**「好きにしたらいい」**が口癖 ■人は何もしてくれなくていい。**いてくれるだけでいい**と思っている ■自然や動物など非言語の**感じられる世界が好き**	■自分は何か足りない、**出来損ない**だ、ポンコツだという**漠然とした自己不信** ■**とにかくすぐ不安になって落ち着かない**「ここにいていいのか?」「私は大丈夫か?」 ■**表に立つよりも裏**で采配する ■不本意な出来事があると自分のせいだと自分を責めてしまう、責められた感じになる ■他者と比較して自分の**至らなさ**が気になる ■**不安から行動しがち**なので**やることが増える** ■**要求されると**できないんじゃないかと**不安になる** ■なかなかモノが捨てられない ■**人の役に立とう**とする ■実は**隠れていろいろ努力**している ■安心していられる居場所を求めている
常に自分や人、世界を割り切って捉え、決してなくならない孤独を抱える。	人の中で安心して自分でいられない。心の平安がない。
人が命の全体性の一部を担っている、その一部として生かされている、というワンネスの感覚の中で誰もが自由に自分の人生を生きている世界。	凸凹のままで人は完全で誰もがどこにいても内側に何があっても、ありのままで安心して存在していられる世界。

メンタルモデル類型

	A. 価値なし	B. 愛なし
痛み・繰り返される不本意な現実	(こんなにやっても)「やっぱり自分には価値がない」何か価値を出さないと自分の価値は認めてもらえない。	(こんなにやっても)「やっぱり自分は愛されない」自分のありのままでは愛してもらえない。
特性と特徴的なキーワード	■ 人に**価値を出せなければ自分はいる意味がない、いる価値はない** ■ 成果を通して自分の**価値を認めてもらいたい** ■ **人からの期待に応えたい** ■ **人からの評価や承認**が大事 ■ **意味のあること**以外やりたくない ■ できるのに**頑張ろうとしない、やる気がない人が理解できない** ■ できれば**有能で価値を出せる人と一緒にやりたい**、働きたい ■ 何かを良くしていく**課題解決が得意で**、どうしたらいいかをすぐ考える ■ **休まず動き続けてしまう、何もしないことが耐えられない** ■ 勝てないゲームはしたくない。**確実に勝負できる**ものを無意識に選ぶ	■ 恒常的な「**寂しさ**」があり、**つながり**を失って**一人になってしまうのが怖い** ■ **人に与えてばかりで疲れてしまう**傾向がある ■ **思うように愛されず**に失望したり、搾取されてる感じになる ■ **真実を明かして欲しい**し、**受け取って欲しい** ■ **ありのままの自分では愛されない**と思い込んでいる ■ 本当のことを人と**分かち合いたい** ■ **相手を不快にさせる言動**はできるだけ避ける傾向がある ■ 問題があるときは**ちゃんと話してわかり合いたい** ■ 大切な人との**つながりは自分から一方的に切れない**
代償	他人軸で生きるため、自分がなくなる。	人に過剰に尽くして自分の真実を生きれない。
創り出したい世界	何ができてもできなくても、自分はいるだけで価値がある、誰もがいるだけでいいと認められる、存在する価値ですべての人の価値が認められている世界。	誰もが自分を無条件に愛し、真実からありのままを受け入れられ、理解し合える関係性で人間同士がつながっている世界。

12章

由佐美加子のライフ・タペストリー

由佐美加子のライフ・タペストリー

ひとりの人間の意識は、人生で織りなされるさまざま体験を通して段階的に進化していきます。その個人の意識の発達段階を「ライフ・タペストリー(人生の織物)」と名付けています。自我の発達とともに忘却のかなたに追いやられてしまう、生まれ持ってきたこの世界で果たしたい魂の目的に目覚め、これも自分で体験すると決めてきたとしか思えない痛みの裏にある、本当に自分が望む世界を体現し、創造して生きていくまでの人間の意識の進化を表したライフ・タペストリー(人生の織物)。ここではそのライフ・タペストリーの段階に沿って自分の個人的な人生の変遷を書いてみたいと思います。

タペストリーは年齢的に時系列の直線で次の段階に移行していくという見方もできますが、ひとつの段階が終わったら前の段階は完了、というわけではなく、人生で一連の段階を体験すると、すべての段階が常に同時並行的に起きているような感覚の中で生きている感じになります。

1　適合期

適合期は、この世界にあるはずだと思っているものがないという体験にある痛みを、なんとか思考で切り離し、それ以降その痛みが二度と起こらないための戦術を克服型と逃避型で能力を高めることで卓越させていき、その結果出来上がった生存適合ＯＳに無自覚に自動操縦されている時期です。外側の世界に適合し、社会の規範や常識、あるべき論といった正しさや、こうすれば幸せになれるという外軸の理想像を信じ込み、その理想像になっていこうとする過程で成長していきます。

ひとりぼっちのメンタルモデルを持つ私の適合期の生存適合ＯＳの根っこにある痛みは、絶対的なつながりから分離される、という体験にあります。

私を出産した時、母はこんなにも苦しい顔をして生まれてくる赤ん坊がいるんだと思った、と大きくなってから言っていました。私が生まれた時代はベビーブームで、産院はどこも忙しく、母の最初の出産は、時間までにお産を終えるべく陣痛促進剤を投与されて押し出されたというものだったようです。もちろんその頃の記憶など自分の顕在意識にはないわけですが、私の中にはずっと漠然と、「苦しい時ほど誰も助けてくれる人はいない」、という信念があり、「所詮ひとりぼっちだ」というメンタルモデルはもしかしたらこの世に生まれ出ようとしたその時からずっと自分の中にあるのかもしれません。

２歳で妹が生まれたときにその信念は決定的になります。それ以降、自分を守ってくれる人はいつでもいなくなってしまう、最後は必ずひとりにされるから自分で何とかしないといけない、という信念は、自分の中に完全に無自覚ながら、絶対的な真実としてありました。

苦しければ苦しいほど誰にも頼らず、誰にも明かさず、苦しいときほど誰にもわからないようにひとりで抱えて引きこもり、なんとか自分であがいてその状況を出た後に、実はこんなだったから大変だったんだよね、という風に軽い笑い話風に事後報告する、というのが小さい頃からのパターンでした。妹が繊細で小さい頃はしょっちゅう体調を崩していたせいもあって、自分はしっかりして心配かけちゃいけないと無自覚に思っていたのかもしれません。いつも明るくて優しくて、面倒みがよく、しっかりしていてがんばり屋さんという、理想の長女像をいつの間にか自分だと思い込んで成長していった幼少期でした。

9歳になった時に父の転勤でギリシャのアテネに移り住み、それから駐在員として海外を転々とした父に着いて、数年おきに住む場所が変わります。中学2年生で日本に一旦帰国して地元の公立中学に編入。受験勉強もピークの中学3年生の12月に父のシンガポールへの再赴任が決まり、卒業式の後に渡航、着いた数日後から9月から始まる新学期から現地の学校に入学を受け容れてもらうために、1日中大人に混ざって英語学校に通う日々が始まりました。

高校生になれるのか、行ける学校があるのかという孤独と不安に押しつぶされそうになりながら、ひとりぼっちのメンタルモデルの私は両親への配慮もあって弱音もはけませんでした。原因不明のひどい腹痛や、朝起きたら半身全体がひどい皮膚疾患になっている、など抑圧した感情が身体症状として出ながらも、ギリギリのところでなんとか精神的に壊れずに保っていた時期でした。

紆余曲折ありながら半年後に奇跡的に現地のイギリス系の高校に入学が許可され、学校に通い始めたものの、授業で出ている宿題の内容すらはっきりわからない、という学校生活が始まりました。

平日は睡眠をギリギリまで削って辞書と首っ引きで宿題やテスト勉強をこなし、半年くらいたつとなんとか普通についていけるようになりましたが、青春という言葉とは程遠い高校生活でした。せめて大学くらいは日本に帰って楽をしようと思っていたのに、高校2年生の終わりに父がまたアメリカに転勤。高校3年生という卒業前の最終学年でまた東海岸のニュージャージー州の私立高校へ編入。幼なじみの集合体のような既存のコミュニティーに新しく友だちを作って馴染んでいこうとする気力ももはやなく、みんなが集まる食堂に行くのも気が進まず、ランチを抜いて昼休みはひとりで図書館にいるという孤独な毎日を過ごしていました。

中高を通して、新しい国、新しい学校、新しい教育カリキュラムと言語、と移動する度に向き合う新しい環境の中で、誰も同じ境遇の人がいない、誰も自分のことは助けられない、自分でなんとかするしかない。ここで這い上がれるのか、という自分自身との戦い。新参者としてコミュニティーに入れない圧倒的な孤独感と、どこにいってももう二度と主流には入れないマイノリティーとしての自分が確立された思春期でした。

日本に帰ってくると、帰国子女と呼ばれるようになり、自分は所詮どこにも根付くことができない、浮き草みたいにひとりで生きていく人生なんだ、と思っていました。所詮自分でなんとかするしかない、という克服行動は強化される一方で、よく言えばとても自立していました。この適合期の修羅場のような体験を通して、誰もあてにならない、という割り切りと、誰が自分を助けてくれそうかという人を見極める力、生き残るために何をどう動かせばいいのかという生存的な戦略性だけは圧倒的に卓越していきました。

アメリカの大学を卒業した後に、青春そのものを棒に振ったと思っていた私は、日本の大学院に入ってのんびりした修士課程を終えた後、氷河期の就職活動に突入。学卒には大量に送られてくる会社資料もまったく送られてこない、最も不利な文系院卒女子として極めて限定的な選択肢の中、異色の海外系人材として拾ってくれた野村総合研究所で3年半、海外のプロジェクト中心に仕事をさせてもらいました。

社章をつけていれば大手企業の役員が並ぶような場にも同席させてもらえる会社で、年齢が若く女性であるということで見下されたように感じる独特の感覚と、会社のブランドで自分の身の丈以上のゲタを履かせてもらっている感じで、いつもどこかありのままの自分ではいられない焦燥感がなくならず、ずっと落ち着かない感じで働いていました。

誰に捨てられても経済的にも自立できている状態になりたいという思いがとにかく強く、ＭＢＡ留学しようかとか、資格をとろうか、などといろいろ考えていましたが、当時は成長欲求としてそう考えるのが当然だと思っていました。

働き始めて3年が過ぎたころ、実家に帰って何気なく滅多に読まない朝日新聞を開くと、そこにリクルートの中途採用の求人広告があり、「会社のために働くのをやめて、自分と社会のために働かないか」というコピーが目に入りました。いま思えばリクルートお得意の技だったわけですが、そのころはここまで言い切れる会社ってすごいなー、どんな会社なんだろうと興味を持ちました。２０００年の10月、当時はほとんど採用がなかった中途入社でリクルートに転職し、人材ビジネスを統括している部門の企画部署に配属になります。28歳の時でした。

そこから30歳まで、ＩＴバブルで勢いづいていた様々な求人誌や求人サイト市場で圧倒的な影響力をもっていた活気にあふれた風土と、誰もが本当に能力が高く、個性的で魅力的な人たちに囲まれて仕事をさせてもらいました。想いや情熱があれば、ポジションや役職に関係なく誰ともつながることができる本当に自由な会社で、「お前は何がしたいんだ？どうしたいんだ？」をずっと問われ続け、顧客のニーズをひたすら満たすコンサルティングとはまったく違うカルチャーの中で、自分の意志から人を巻き込んでやりたいことを形にしていく、という仕事の仕方を叩き込んでもらいました。

2　直面期

31歳になったころ、海外で人材ビジネスの新規事業を立ち上げたいと思って専任で関わっていた海外プロジェクトがトップの判断で頓挫し、その後はすっかり抜け殻のようになっていました。

初めて仕事に完全にやりがいを失って、自分が新しく何をしたいかもまったくわからず、会議がなかったら会社に行くのも億劫だという気力のない毎日が続きました。「このままじゃ自分はだめになってしまう。会社をやめた方がいいのかもしれない」と思い始めたころ、内線で電話が鳴りました。その電話で呼び出され、後に上司になる人からの、「お前本当は人間が好きだろ。人事に来い」という言葉がきっかけでリクルート全社の人事部へ異動しました。

適合期を生き抜く中で、他人は自分が新しい環境で生き残るために使う手段だ、という感覚で生きてきていた当時の私には、人間が好きと言われても頭では何を言ってるんだろ？　くらいの感覚だったのに、そう言われたことをいまでも覚えているのは、自分の心の奥底で何かが響いていたのかもしれません。

管理職でもなかったのに、この会社の次世代リーダーを育てろという壮大なお題を渡され、人材開発という担当する領域についてまったく無知な上に、あまりにも人間について何もわかっていない自分に途方にくれました。人が変わる、人が成長するということが何かを理解しないとこの仕事は始まらない、と研修、ワークショップ、個人セッションや自己啓発的なものまで、人体実験のように手当たり次第にあらゆるものを自分で受けてみました。

その中で当時まだ知っている人が少なかったコーチングというものがなんかよさそう

だ、と思い、自腹を切って自分でコーチをつけてみることにしました。

何回か回数を重ねているうちに、ある日のセッションで自分がまったく感じたことがなかった自分自身の深い奥底に隠されていた悲しみに触れる体験をしました。新宿のホテルのラウンジで人目も憚らず号泣し、それをきっかけに幼いころからずっと閉じていた感情の蓋が開いてしまったのです。

優秀でしっかりしたお姉ちゃんとして育った私は、それまで嫌なことがあったり不安だったりとネガティブな感情を感じると、とにかく忘れるために寝て、起きると何もなかったことにするという技を使っていました。ところが、その体験で何十年と抑圧していた感情の蓋がとんでしまったように、会社から帰ってくると朝まで理由もなく涙が止まらず眠れない。朝になると朦朧としながらなんとか会社に行く、という日々が続きました。

突然意味のわからない怒りが溢れて会社で攻撃的になって同僚につっかかったり、駅から自宅まで自転車に乗っていると、死にたくなってぼうっとして道路に出てしまったり、出張で新幹線に乗るのになぜか反対方向の新幹線に乗っていて、気づいたらどこで降りたらいいのかもわからなくなって混乱してパニックになったり、とそれまでまったく体験したことのないことが次々と起こりました。

自分は一体どうしたんだろう？　精神的に何かおかしくなっている、と思いながら、病院に行く勇気もなく、どうしたらいいのかわからず何か助けになりそうなものをひたすら探し求め、気がついたらビジネス書だけだった本棚は人生をどう生きるかといったそれまでまったく縁もなかった自己啓発的なさまざまな不思議な本で埋め尽くされていました。

時期を同じくして当時のパートナーとの関係性が崩壊しました。とにかくひとりぼっちになりたくなくて、その関係性にしがみつき、もう限界だとわかっていたのになんとかしようと苦しみ続け、最後は選択肢を3つ紙に書き出しました。それを見て、やっともう選ぶしかないと思えてその執着を手放したときに、自分がそれまで理想として追いかけてきた人生は、すべて海辺に作った砂山のように波にさらわれていって、何もなくなった空っぽの感覚になったのをいまも覚えています。

最終的に相手が住んでいたマンションを出ていった後に帰宅し、ひとりになった家で、リビングに自分のステレオを移動させ、遠慮してずっと封印してきた自分が好きだった音楽を聴いたときに、本当はこのひとりでいる状態が普通だった、2人でいたのは不自然だったのだ、という思考が頭を巡り、そのとき初めて自分は本当はひとりでこの世界を生きているると思っているんだ、ということをはっきりと自覚したのです。これが人生最初の直面期の体験でした。

振り返ると、大きな意識変容を伴う直面期はこれまでの自分の人生の中で成人してから3回来ています。直面期は、まったく予期せぬ外側の出来事が引き金となって、これが自分だ、自分の生き方だ、自分の人生だ、と信じて疑わなかったものが崩れ堕ちていく、崩壊する、維持できなくなる、もしくは自分で破壊してしまう、という葛藤と混乱の暗黒期ともいえる時期です。

それまで体験したことのない自分の内側の衝動や感情が噴出し、理性やそれまでの常識では自分自身ですらも制御できなくなる、まさにカオスの体験です。でも、一気に自分の内側に意識が向き、自分の内面に向きあわざるをえないために、まさに破壊と創造ともいえる非常に大きな意識転換がもたらされます。いま振り返ると、この時期を越えた後に常に新しい意識の次元に移り、人生が新しいステージへと変わっていったことを実感します。

3　自己統合期

自己統合期は、大人になってそんな自分が内側にあることすらなかったことにしていた、分離した自己を取り戻していく時期です。

直面期でひとりぼっちが当たり前だと無自覚に信じ込んでいたことに気づいてから、それから自分の人生で起きたこと、体験がいかにこの自分はどうせひとりぼっちだ、という信念に紐づいていたか、すべてがつながって見えるようになっていきました。

どうせひとりになるんだから、という無意識の枕詞が常に頭をよぎり、決して人に入れ込もうとしない自分。人を本当にはまったくあてにしてない自分。どうせいなくなるんでしょ、といろんな罠で相手の反応を試す。親密な関係性がある人が去っていくのではないかと思うと、やっぱりいなくなるんだと、いつの間にかそう決めつけ、それからその関係性をうまく消滅させていくように仕向けたり、見切る。それまでそうするしかない、それがお互いに最善だ、そういうものだ、という風に思考で歪曲して自分の中で正当化していた行動が、実際はひとりぼっちの回避行動であることが次々と認識できるようになっていきました。

このメンタルモデルに気づいたことで、まったく違うメガネをかけたように人や事象に対する反応や行動に対する解像度が上がり、実際に自分が何をしているのかという本質が嫌でも透けて見えてくる状態になったのだと思います。無自覚だった行動の本当の意図に意識的に気づくようになると、「あ、またやろうとしてる、あ、またひとりぼっちだ、って思っている」という風に、その回避行動に突入しようとする時に気づくようになることで、無自覚なまま不本意な行動をとることが、自然と少なくなっていったように思います。

それと同時に、私の場合はもともと母との関係性に生じた痛みを通して作られた信念だったので、この10年くらいの統合期の間に、母に何度も泣いて小さい頃の自分の痛みをぶつけた体験があります。

とにかく母の期待に応えたかった幼い私は、いまも大人になった私の中に生き続けていて、いまでも母がいつもよかれと思って私に何かを指摘すると、「何かをちゃんとやれてない、十分じゃないと言われた」という反応が起こり、衝動的な反発と深い悲しみが湧いてきます。その反応は以前ほど激しいものではないにせよ、いまでもなくなることがありません。「ただ、がんばってるね、って認めて欲しかった。ただ抱きしめられたかった。ママは小さい時から私のことをほめてくれたことなんてないじゃないの！」と40歳くらいの時に母の一言をきっかけに爆発し、その後母はお風呂場で泣いていました。

統合期には、自分がずっと自分の心のなかに抑圧し、なかったことにしてきた欲求、隠していた真実を認め、それを分かち合うというプロセスが含まれています。メンタルモデルが形成された痛みの体験はほとんどの場合、親子関係が絡んでいます。統合期は自分の中に起こる反応にきちんと向き合い、その反応の根っこにある過去の痛みにつながり直し、自分の中でその痛みがあったことを受け入れ、それを分かち合うことで自分の内側でその分離を終わらせていきます。

決して楽な体験ではありませんし、できたら親や大切な人を傷つけるようなことを言いたくないと思います。それでも、その痛みやそれまでずっと自分の中で押し殺してきた感情や想いを、つらくても分かち合って相手に聴いてもらうことで、初めて自分の中で消化できる痛みがあるのです。過去の痛みは感じないように切り離し、封じようとすればするほど、生存適合OSを強化し、いまの人生で不本意な現実を量産しています。

痛みの原点ともいえる親との関係性の中にある痛みに向き合い、その痛みの中で本当に満たしたかったことにつながり直す。そして、そんなものは求めても仕方がない、そんな自分は許されない、と切り離していた本当の自分に気づき、その自分を取り戻してありのままの自分であっていい、その欲求を満たしてもいい、と自分に赦していく、それが統合期のプロセスです。

4　体現期

体現期のひとつの要素は、コーリングと一般的に呼ばれる啓示のような、自分は誰なのか(Who am I)、何のために生きているのかという人生の目的を自分が体現するBeing（在り方）の進化の道を歩き始めることです。

生存適合ＯＳの解像度が上がって回避行動に自動的に駆り立てられなくなり、自己統合が進んで、分離していた自分の受容度が高まって統合されてくると、痛みの回避行動のために知らないうちに向けられていた怖れや不安といった膨大な心理的エネルギー、実際の行動に無自覚に消費されていたエネルギーが解放され、自分が本当にエネルギーを注ぎたいものにそれが向けられるようになります。

自分のエネルギー効率が飛躍的に上がり、何かを自分が力を出してしようとする、やらなくちゃ、という感覚が薄れて、無駄に疲れを感じることがなくなります。

あるものがあっていい、起こることが起こるし、それは自分が創り出している必要な体験だ、と痛みを回避する衝動がなくなると、いま起きている問題についてあれこれ考えたり、先のことを悩んだり予測したりと、めまぐるしく頭の中で動いていた思考がどんどん静まっていき、ありのままの自分でいまここにいて、ただこのままで大丈夫だ、という根拠のない安心感が自分の内側で育っていきます。

動き続けていた思考が静まっていくと、自分の内側には、常にいまあるものを感じられる空間のようなものが拓けてきて、その空間が常に自分の中に開いたまま存在していることをずっと感じながら行動できるようになります。外側の世界だけに意識を向けるのではなく、常に自分の内側の空間にあるものを感じ続けながら外側でやることをやる、という双方に意識の矢印が伸びている感覚、といったらいいかもしれません。

この空間を感じているのが自分だ、という感覚に慣れてくると、自分の命だけでなく、すべての生命を愛から生かし、育んでいる「源」という意識にその空間のさらに奥でつながっているという感覚が訪れ始めます。

「源」という概念は、大いなるもの、神、サムシンググレート、などいろんな表現で語られていますが、仮にここでの定義は「生命の維持、進化を司っている意識」とします。

人にはこの「源」を感じるいろいろな体験があると思いますが、私が「源」の存在を初めて感じた体験は、ビジョン・クエストと呼ばれる「魂のビジョンにつながる」ために5日間自然の中でひとりで過ごす、というネーティブアメリカンの儀式にアメリカで参加した時のことでした。

ひとりで過ごす5日間が始まる前日、「この土地に馴染んできなさい」と言われ、赤土が広がる大地を炎天下の太陽が照りつける中、目的もなく渓谷の谷に向かってひとりで降り始めた時、遠くの方から誰かが自分を呼んでいる気がしました。参加者はばらばらな方向に散っていて、そんな方に人がいるはずもなく、不思議に思いながらもその呼んでいる方に向かってひたすら歩いていくと、突如として目の前に巨大な岩が現れたのです。

その巨大な岩はどうしてそこにあるかが不思議なくらい、細い砂の塔のような土台の上に鎮座しているようにありました。

岩の側まで近寄って行って目の前に立ったとき、突如としてその岩から発せられているとしか思えない言葉が私の頭の中に流れ込んできたのです。

『自分はここで地球全体の意識を支えている』

私が、

「その脆くていまにも崩れ落ちそうな土台の上では、いつか侵食されて崩れれば、落下して砂つぶになってしまうでしょう？」

と言うと、

その岩ははっきりとこう言ったのです。

『So be it.（それならそれでよいのだ）』

この摩訶不思議な体験は、私の中で決定的に何かを転換しました。もしあの岩があの土地から地球の意識を支えているというのなら、私も自分のいるところから何かを支えることができるのかもしれないと思いました。そして、なにが起きたとしても、起きることがただ起きるだけなんだ、ということが疑いもない真実として身体に埋め込まれた感じがしたのです。

さらに、「意識」とその岩が呼んだものが、自分の探している何か大切な鍵を握っているのではないか、と直観的に思い、これをきっかけに人間の意識の進化の本質を探し求めるようになっていったのです。

この岩に出会ってから、「源」という意識は、私の中で完全に「疑いようもなく実在しているもの」になりました。「源」は自分の内側の空間を通じて、自分の生命にとって必要な智慧やメッセージを自然な形で届けてくれます。

その降りてくる智慧は一般的にinner knowing（内なる智慧）とも呼ばれていますが、その降りてきた言葉やインスピレーション、アイデアや直観、思いつきに対して、自我の思考の評価や描写を一切はさまず、ただそこから自分の中に湧き出るものを真に受け、真に受けたら素直に感じるまま動いてみる、という風にシンプルに動くようになります。

自分の中にある生命からの智慧と、そこから自分に起こる現実を、ただ純粋に自分に何でも体験させてあげよう、と毎日を生きていると、物事は最善の形で流れていきます。

その最善とは過去の体験をもとにした思考が支配する自我の想定範囲にある「何かいいことが起こる」とか「何かがうまくいく」といった既知の世界の範疇にはありません。思考をはるかに超えた共時性で起こる人や場所との遭遇、何かの啓示のようなメッセージとの出会い、自分の生命に必要な未知の領域へと導いてくれるような、まったく予想もしなかった機会が訪れる、など合理的には説明のつかない展開が起こります。

ひとつの扉を開けると、また次の扉が開いていくような、まったく予測はできない流れの中で、生命に使われ、仕える人生になります。

人は幸せになりたい、と誰もが思っています。でもその幸せになりたいから、と動いている行動の本質は、痛みや不快を避けたい、そういうことが起こらないようにしたい、という回避行動の正当化に過ぎず、だから不本意な現実に対してパターン化した行動しかとれなくなって、現実が硬直化するのです。自分の至らなさを補うために何かをしようとすること、外側に何かを得ようと求めることをやめて、快適も不快も、喜びも苦しみや痛みも、自分の中にそれらすべてがあることを自分の中で慈しみ、それらがすべてあっていいと受け容れて、毎日を感じる世界で生きること、その器（在り方）を自分の中で育むことが、体現期の核であり、幸せの根底を支える生き方の「源」だと思います。

5　自己表現期

メンタルモデルはこの世界にあるはずだと思って生まれてきたのに、それがない、という欠損の体験の痛みが創り出しますが、同時にそれは、情熱をかけて創造したいと魂が決めてきた、この世に現実として創り出したい世界を示唆しているという表裏一体の関係があります。

ひとりぼっちという私の適合期は、外側ではひたすら分離している痛みを味わい続けるものでしたが、その裏で自分の内側には、命としてこの世界は本当にはひとつにつながっている、という根拠のない感覚が小さい頃からずっとあります。

なぜそう思うのか、どうしてそうだとわかるのか、と問われても、それを論理的な根拠を持って答えられるわけではありません。ただ本当はそうなっている、とどこかで知っている、としか言いようがないのです。

小さい頃は生き物が大好きで、初めておこづかいで買ったのはカブトムシの幼虫でした。毎日学校の帰り道は犬を飼っている一軒家を順番に巡って帰ってくるような子でした。非言語の世界に生きる生き物の放つ美しさ、不思議さに魅了され、家で飼えるものは魚、鳥、昆虫となんでも拾ってきては飼育し、愛読書は「動物の飼い方」、小さい頃は動物園の飼育係になりたいと思っていました。

子どもの頃のそんな自分の情熱は思春期から30半ばを過ぎるまでの適合期の間はすっかり自分には関係のないものになっていましたが、人の本質を探究するようになってから、昔感じていたこの生きるものは美しい、という感覚を思い出すようになりました。

この道にたどり着いたのは、「人間がこの生命全体の一部であることを思い出し、その一部として全体の生命に仕える生き方ができるようになること。その進化でこの地球上の生きとし生けるものが輝き、人間も他の生物も美しいと感じている状態で生きている。それが自分の奥底にあったこの世界で見たいものなんだ」、と思うようになりました。ひとりぼっちの裏側にある私の創り出したい世界は、すべての生命が本当はひとつにつながっているというワンネスの意識がＯＳになっている所なのです。

人間は、分離した自分と、その自分と一体化したもの（自分の家族、会社、国）を危険な世界で守るために、不安と怖れから戦い、競うという攻撃と防御を原動力にした社会システムを創り上げました。

でも、それは進化の過程で起きていることであって、本当の人間の姿を反映したものではない、というのが自分の奥底にある真実であり、あきらめられない仮説なのです。

人間はすべての生命の美しさを感じ取れる感性と、それを護ることができる知性と能力を兼ねそろえてこの世界に生まれています。人が幸せや喜び、美しさを感じるのは、自分も含めた生命が輝くこと、輝いていることを感じられたとき、そこに貢献できたときです。

何が自分の命にとって自然なのか、何が自然ではないのかは、自分の身体感覚に正直になればすべて自分の命が教えてくれているのです。

生命にとって自然な状態や行為は内的充足につながり、不自然なものは違和感として感じるように私たちの身体はできています。それを感情や感性の抑圧、思考の正当化で麻痺させなければ、何が最善かは生命がもたらし、それで満たされている、という感覚を通してわかるようになっています。

その人間の本来の姿から生きるには、人間そのものに対する認識、理解を本来の機能の仕方から捉え直し、人間観そのものが変わる必要がある。人間が人間そのものに対する認識を転換するには、どんな要素が必要なのか、実際に何があったら誰もがその状態で生きることができるようになるのか、その叡智を探し求めて、「生命の源につながって生きる」、という言葉で表現される生き方を自分で探求することに行き着いています。

仮説を探求し、自分の体験から得られた智慧を誰もが受け容れられる表現方法に転換することが、いつの間にか自分の自己表現になっていました。その表現はさまざまな切り口に見えますが、伝えたい世界観は根底ではいつも同じで、組織だけでなく、経営者や企業のリーダー、お母さんや子どもたちなどご縁から紡がれた様々なつながりから生まれた場で分かち合っています。

「どんな仕事をしているんですか？」という質問に対して、なかなかわかりやすく答えることができません。こんなことを仕事にしたいと思ったこともないし、こんな風になっている自分も5年前ですら想像できなかったと思います。

でも、世の中を変えたいからでも、誰かのためでもなく、自分の一番深いところにある自分を突き動かしている声とその衝動に従って、他の生命に自分の生命が貢献できるように「源」に使われて、その声に応えてやれることをすべてやっている、と思える奇跡の連続のような毎日を生きています。

生命の「源」の意識につながって生きる生き方や在り方が、どんな人生を創り出すのか、どんな現実の体験になるのかを、この人生を使って実験し、望む人がそれを生きられるように分かち合いたい。それがどれだけの幸せや豊かさを自分の人生にもたらしてくれたか言葉にできないいくらいの充足があるからです。誰もが生命の「源」につながって、そこから生きられるっていう可能性を生きる体現者でありたい——それが自分の今生のライフ・タペストリーです。

13章

天外伺朗のライフ・タペストリー

天外伺朗のライフ・タペストリー

この章では、私の意識の遍歴、特にみぃちゃんの発達段階説に沿って、「適合期」「直面期」「自己統合期」「体現期」「自己表現期」、それぞれを象徴するエピソードを語ります。とりとめのないドロドロした個人的な暴露話になりますが、「統合」に向かうプロセスのひとつのサンプルとして、ご参考になれば幸いです。

最初に、私の幼児体験で「ひとりぼっち」というメンタルモデルにピッタリな出来事についてお話ししましょう。普通なら、記憶にあるはずもない出来事が、ブレスワークという手法でよみがえったのです。

1998年に、トランスパーソナル心理学の創始者のひとり、スタニスラフ・グロフ博士が来日し、昼食をともにしました。私は、前年から「病院をなくす」という過激な医療改革を始めており、病院に代わる施設の概念に「ホロトロピック」という、彼が始めた呼吸法セラピーの名前を流用する許可を得たかったからです。

「ホロトロピック」というのは、ギリシャ語を組み合わせた造語で「全体性へ向かう」、仏教でいう「悟り」に向かう、というのと同じ意味を持たせています。

グロフは元々精神科医であり、LSDを使ったセッションで人々が神秘体験をすることに興味を持ち、数千回の実験をしました。ＬＳＤが法律で禁止された後、薬を使わないで極端な変性意識状態に導く方法を15年かけて開発し、このブレスワークを完成させました。たかがブレスワークに「全体性に向かう」という大げさな名称をつけたのは、これが単なる治療や癒しのワークではなく、「悟り」に向かって人々の意識が成長することを援助するための方法論だ、という彼の志が込められています。

病気を治すだけではなく、患者の「実存的変容」を医療者が密かにサポートする、というのが私の医療改革の主旨なので、この名称がピッタリでした。

翌日、彼が指導する「ホロトロピック・ブレスワーク」が開催され、私は半ば義理で出席しました。私にとっては、初めての体験でしたが、正直いって度肝を抜かれました。激しい呼吸と大音量の音楽が始まってすぐに、１００人以上の参加者の大半が大声で喚き始めました。立ち上がって暴れ出す者も数人おり、アシスタントたちが懸命に座布団で防戦しておりました。

私自身は、冷静にそれらを観察していたつもりだったのですが、いつの間にか変性意識状態に入ったらしく、とても若いころの母親の寂しそうな顔がぽっと浮かび、突然激しく号泣してしまいました。その時はなぜ泣いたのかわかりませんでしたが、昼食時にビジョンが出て来て納得しました。

それは、父親が客の前で私のことを嘆いているシーンでした。私の年齢はわかりませんが、おそらくまだ2歳になっていない頃でしょう。もちろん記憶にはありません。言語能力がまだないはずですが、なぜか父親の発言はすべて理解していたようです。

ひとりぼっちモデルを決定づけた経験

私は、ゼロ歳の時に鼠径部のヘルニア（脱腸）を患い、医者に「もうこの子は助かりません。あきらめてください」と言われる中、奇跡的に命を取り留めた、とのことです。泣いて、いきむと腸が飛び出してしまうので、母親は24時間抱いてあやし続けました。治ってからも、私はその心地よさが忘れられず、常に抱っこを要求していたようです。まだ言葉が発達しておらず、「お母さん抱っこ」とは言えずに「カカァッコ、カカァッコ」と言って母親を追いかけまわしていたというエピソードは、物心ついてからもくり返し聞かされました。

私の家は、土井利勝に連なる大名の血筋です。父親は客の前で「武家の跡取りともあろうものが……」と言って、それを嘆いていました。父親はおそらく、まだ言葉もわからぬ幼児だと思っていたでしょうが、私はどうやら深く傷つき、それ以来母親に甘えられなくなったようです。それが、ブレスワーク中に出てきた悲しそうな母親の顔でした。私の方も、甘えたい盛りに無理矢理歯を食いしばって独立してしまったことが大きなトラウマになりました。

「ひとりぼっち」のメンタルモデルの特徴は、依存が少なく、独立心が旺盛なことです。甘えたい盛りに母親から離れてしまったことが、このメンタルモデルを獲得する要因になった、というのがひとつの見方です。

でも、私の場合には、自分から断ち切っています。こうやって強引に断ち切ることも「ひとりぼっち」の特性のひとつです。考えようによっては、まだ言葉もおぼつかない幼児にもかかわらず、その特性を発揮した、とも解釈できます。つまり、生まれつき、「ひとりぼっち」のメンタルモデルを持っていたのかもしれません。おそらく、その両方とも正解でしょう。

つまり、もともと「ひとりぼっち」のメンタルモデルの資質を持って生まれて来ており、この事件はそれを決定的に深める体験だったと思います。

ただ、かなり無理して精神的に独立してしまったので、小学校低学年の頃は、そのしわ寄せが虚弱児童として表れていたようです。病気になり高熱が出れば堂々と母親に甘えられるからです。

広島で小学校に上がり、鹿児島に転居しました。学校は休みがち、級友にはなじめず、かなりの劣等感、自己否定感を育てたと思います。ただし、近所の子とはすぐに仲良くなったようで、広島でも鹿児島でも、3カ月後にはすっかり現地の方言を使いこなし、この子は語学の天才ではないかと両親を驚かせました（長じて外国語は全然ダメで、天才ではありませんでした）。

父親が銀行員だった関係で、転居が多かったのですが小学3年から中学2年まで過ごした神奈川県の茅ケ崎時代が、私の黄金時代で、松林の中に秘密基地を作り、仲間と群れて過ごしました。毎日が「フロー体験」で、私の人間的な土台はこの時にできたと思います。いまでも3歳年上の当時のガキ大将（ドイツ人）にはよく会います。

茅ケ崎に来たとたんに虚弱児童を脱して健康になりました。両親は、自然の中でよく遊んだからだと解釈していました。それもあるけど、心理学を学んだあとに別の解釈もあることに気づきました。それは、「マトリックス・シフト」という現象です。


マトリックスというのは子宮という意味です。人は母親の子宮を強制的に追い出されたためにバーストラウマと呼ばれる精神的な傷を負ってしまうのですが（まえがき参照）、その後は自分を取り囲む居心地の良い環境（仮想的な子宮）を形成して生きていきます。その仮想的な子宮が、母親→家族→ピアグループ（同世代の仲間）→学校の仲間→会社→社会→世界と、次第に大きな関係性にシフトしていくのが健全だ、といわれています。それを「マトリックス・シフト」といいます。

ちなみに、大きな関係性にシフトせずに引きこもってしまうのは、母親の子宮への退行です。天外塾では、リバーシング（生まれ直しの）ワークにより、引きこもりから出てこられたケースがあります。

蛇足ですが、マトリックスが宇宙まで広がった状態（梵我一如）が「悟り」だという人もいますが、これは象徴的な話でしょう。

私の場合には、茅ケ崎に引っ越してから、母親・マトリックスから、とても居心地の良いピアグループ・マトリックスにシフトしたため、もう高熱を出して母親に甘える必要がなくなり、健康になったのだと思います。

飛行機に心奪われた

小学校から飛行機にのめり込んでいましたが、中学から『航空情報』という雑誌を通じて飛行機の設計を覚え、お互いが設計した飛行機を回覧しあうグループを作りました。私以外は全員大学生でした。構造設計はできませんが、流体力学的な計算は本格的で、私は父親の計算尺を持ち出して、盛んにいろいろな機体を設計していました。中学3年の時には、自分が乗るハンググライダーを設計製作し、危うく死にかけています。このあたりは、拙著『創造力ゆたかな子を育てる』（内外出版社）に詳しく書きました。

高校は名古屋でしたが、中日新聞社後援の学生航空連盟に加盟して、グライダーを始めました。毎週土曜日には庄内川の河原で飛び、休みのたびには1週間程度の合宿に必ず出ていました。その他に弓道部に所属していたので、その合宿があり、またジャズバンドを組んでいたので遊びに忙しい高校生活でした。

高校3年の9月（1959年）伊勢湾台風があり、家の瓦がかなり吹き飛ばされました。翌日私は、何とか麻袋とコールタールを調達して、さしあたり雨が漏らないように応急修理をしました。「ひとりぼっち」の特性で、誰にも相談せず、黙々と資材を調達し、黙々と修理をしました。3年間グライダーのトレーニングを積んできたので、こういう時に臨機応変に何をやればいいのか、身につけていたようです。

両親は、子どもだと思っていた私が、危機的状況の中で家のために決定的な貢献をしたのでびっくりしたようです。その間父親は、庭のごみを拾うくらいしかできませんでした。幼児期から精神的に独立していたので、反抗することもなく父親とは一定の距離を置いていたのですが、この事件を契機に、私と父親の立場が逆転し、家の中で私の発言力が一段と強くなりました。

高校の建物は屋根が全部吹き飛んでしまい、3カ月間休校になりました。その間我々は土嚢作りに駆り出されました。約5000人の犠牲者のほとんどが高潮による溺死であり、土嚢で堰き止めて水をポンプで汲み出す作業が続いていたのです。

学校が再開されてすぐ、私は、チャリティーコンサートを企画しました。まず講堂の日程を抑え、クレパスで描いたポスターをあちこちに貼り出しました。部室で練習していると、受験担当の先生が怒鳴り込んできました。「お前ら、正気か！　大学受験はもう目の前だぞ！」というわけです。学校が3カ月も閉鎖になっていて、ようやく再開されたと思ったら、コンサートの練習をしている。お前らの競争相手は、伊勢湾台風には遭っていないんだぞ、と言われました。もっともな指摘です。3年生の部員の半数は、勉強に専念するためにコンサートの出場を辞退しました。

コンサートは大成功でした。スタンダード・ジャズ・ナンバーに加えて、当時大流行していたペギー葉山の『南国土佐を後にして』をジャズにアレンジして演奏し、大喝采を浴びました。このアレンジは、いまでもよかったな、と思います。

結果はどうだったかというと、コンサートに出たメンバーは全員現役で大学に入りました。出ないで勉強に専念したメンバーは全員浪人しました。逆だったら納得しますが、まったく予想とは違う結果になったのです。私は、この経験から「人生遊んでいる奴が勝つ」という教訓を獲得し、77歳のいまにいたるまで実行しています。

ごく最近になって、天外塾で「フロー経営」を教えている中で、これはコンサートの準備でフロー(無我夢中で何かに取り組んでいるときに、奇跡的なハイパフォーマンスを発揮すること)に入った「フローの奇跡」だったことに気づきました。まあ、フローに入るコツのひとつに「遊び心」がありますので「遊んでいる奴が勝つ」というのは、満更間違いではなかったようです。

グライダーと音楽に夢中になった大学時代

大学は東京工大で、下宿生活でした。読売新聞社後援の学生航空連盟に個人として加盟し、夢中になってグライダーに取り組み始めました。教授の講義はほとんど理解できず、授業にはあまり出なかったのですが、自動車部とオーケストラ部に所属していたので居場所はありました。自動車部は免許を取って辞めてしまったのですが、ちゃっかりと自動車部に来るアルバイト募集に応募して、ずーっとトラックの運転のアルバイトを続けました。

1年生の大学祭でサントリーの後援を得てバーをやり、それを契機にオーケストラからトランペットとトロンボーンをリクルートして、デキシーランドジャズのバンドを始めました。私もサックスからクラリネットへ転身しました。高校時代に引き続いて、グライダーや音楽などの多方面の遊びに夢中で、ほとんど勉強はしない不良学生でした。

ハワイアンバンドとラテンバンドと合同で「軽音楽部」という正式な部活動を作り、学校から予算と部室とピアノを獲得しました。その後高名なプロを輩出した、東京工大ジャズ研の創始者は私だったのです。また、同じく読売新聞社後援の学生航空連盟に加入した後輩と一緒に「航空部」という部活動も始めました。こちらは、朝日新聞後援の学生航空連盟に加盟していまでも続いています。4年間の学生生活で、部活動をふたつも創立した人はそうはいないでしょう。

グライダーでは、場周飛行に明け暮れる日本のグライダー界に飽き足らず、欧米ではすでに盛んになっていた距離飛行という文化を開拓すべく運動を始めました。不時着した機体を回収するためのトラックの運送費がネックだとわかると、新聞社と交渉して予算を取り、自分たちでトレーラーの製作を始めました。

不時着場がないとか、機体の性能が悪いとか、できない理由ばかりを並べて反対する教官たちとは真っ向から対立して、突っ走っていたのです。上昇気流の中での操縦に関しては、教官たちより腕を上げており、意気盛んでした。

大学4年の2月2日（1964年）、ちょうど22歳の誕生日の日に、3300mまで上昇した私は、東京湾を横断して房総半島の真ん中まで58㎞の距離飛行に成功しました。ところが、教官の裏切り行為により許可なしに飛んだことにされてしまいました。教官の嘘は、査問委員会における学生の証言によってばれてしまいましたが、新聞社の首脳がこんな危険なフライトを他の学生が真似をしてはいけない、との趣旨で記録は抹殺されました。

私は、世界を焼き尽くすほどの怒りに燃え、すっぱりとグライダーをやめ、グライダー仲間との人間関係を断ちました。復活するようにと、多くの連絡が来ましたが、頑なに拒んでいました。こういう風にすっぱりと断ち切るのが「ひとりぼっち」の特徴です。いまにして思うと、幼児期に母親に甘えることをすっぱり切ったのと、このときグライダーをすっぱり切ったのはよく似ていますね。両方とも歯を食いしばって、相当に無理をして、いわば生命をかけて断ち切っています。

高校時代から7年間、夢中になって取り組んできたグライダーの活動がなくなると、心にぽっかりと大きく空いた穴を埋めようがなく、私にとって大きなトラウマになってしまいました。それは、この後20年間にわたって1～2週間に一度は必ず見る悪夢に象徴されていました。夢の内容は毎回違いますが、必ずグライダーに関係しており、脂汗をかいて目覚め、その後眠れなくなってしまうので「また、あの夢か」とわかるのです。

そしてソニーへ

その後ソニーに入り、CD（コンパクト・ディスク）の開発に取り組むようになりましたが、困難な状況に遭遇すると必ずこの悪夢を見ていました。CDが完成し、距離飛行事件からちょうど20年後の1984年に、私はパリで表彰されました。その夜に、またグライダーの夢を見たのですが、いままでとはまったく違って安らかな気持ちで目が覚めました。それ以来、ぷっつりと悪夢は見なくなりました。

このことから私は、距離飛行事件によるトラウマ、葛藤のエネルギーがCD開発を推進するパワーになっていたことを悟りました。この顛末を、小説の形式を借りて拙著『光の滑翔――CD開発者の魂の軌跡』（飛鳥新社）に書きました。

いま天外塾で、経営者たちが葛藤のエネルギーを戦いのエネルギーに上手に昇華して経営しているのが、私からは手に取るようによく見えますが、以上のような体験を踏まえています。

こう書いてくると、読者には私がエリートコースを順風満帆に歩んできたように映るでしょう。一流大学に入り、遊びでもいろいろと積極的に働きかけ、一流企業に就職し、CDの発明という技術革新を成し遂げ、外面的には非の打ちどころのないような順調な人生です。ところが、内面はそれとはまったく違っておりました。

幼少期の母親との断絶、それに伴う虚弱児童などに端を発した劣等感、自己否定は根が深く、身体はごわごわに硬く、常に「怖れと不安」にさいなまれていました。

毎日々々何かに追い立てられるような気持ちで過ごしていたのを鮮明に覚えています。「怖れと不安」のエネルギーに駆られて仕事をがんばっていたのでしょう。30代で、CD開発というおそらくエンジニアとしてこれ以上ないと思われるほどの成果を上げ、マスコミにも盛んに登場し、客観的には大成功しています。それにもかかわらず、一向に「怖れと不安」はなくならず、さらなる成果を上げなければいけないと、追い立てられていました。距離飛行事件の葛藤は、CDの完成で一応解消したようにも見えるのですが、その奥にある、もっと根本的な「怖れと不安」が残っていたのです。

つまり、社会的成功は一向に自分の人生を支えてくれないことを、若くして、いやというほど思い知らされたのです。さすがにこの時、自分でも少しおかしいなと思いました。これが、本書で問題にしている「分離」という状態です。「分離」を解消しようと社会的成功を目指すのですが、成功しても解消できないことを実際に体験したのです。

このことは、その頃まで私の「適合期」が続いていた、ということです。傍から見れば華やかな成功者だったのですが、不都合な現実がひっきりなしに訪れてきました。CDの開発の後、私はスタジオで使う業務用のデジタル録音機の開発に転じ、若くして事業部の事実上の責任者を務めておりました（事業部長は事業本部長の兼任）。

この時の事業本部長は、放送局用のビデオ機器のビジネスを成功させ、専務から副社長に昇格した人です。じつは、私と一緒にCDの開発に取り組んだ研究所長は、NHKから移籍して、ビジネスの責任者も委嘱されており、上記の事業本部長はそのあおりを食って放送局事業に専念させられた、という経緯がありました。その逆境を跳ね返して成功したのですが、どん底の時には、会社に来ず、毎日飲み歩いており、ときにはやくざとけんかして留置所に入ったこともあるという武勇伝の持ち主です。ソニーには、このような不良社員がたくさんいたのです。

私が、彼のかつてのライバルのもとから、この事業本部長のもとに移ると、ふたりきりの席でいきなり「俺の子分になれ！」と迫ってきました。私は即座に「嫌です」と答えました。「ひとりぼっち」の特性で、誰かの子分になるくらいなら死んだほうがましと思っていました。

この事業本部長は、自分も不良社員だったわけですが親分肌の人で、会社のあちこちで居場所がなくなったような不良社員を集めて子分にし、強力なやくざ組織を作り上げていました。子分たちは親分のためなら命も惜しまず、と働いていましたし、親分も子分の面倒を徹底的に見ていました。

私のように、子分になることを拒絶すると、今度はいじめの対象になります。おまけに、CDはこの事業本部長のかつてのライバル（元の私の上司）と、いままさに次の社長のイスを争っているもうひとりの副社長がプロモートしています。

私の方は、ほとんど売り上げにならないCD製作用の細々した機器を開発し、業務用の機器のビジネスよりも自分が開発したCDの成功を優先させていました。まだこの頃は、CDの成功はかなりおぼつかないとみられていました。

私が、ビジネスよりもCDの成功のために一生懸命に動いていることは、事業本部長にとってはイライラする要因だったでしょう。CDが成功すると、次の社長のイスが遠のくからです。

かくして、私の「直面期」のための舞台が見事に整いました。

次々と困難が押し寄せてきた直面期

「直面期」のひとつは、その頃人間ドックで重い心臓病と診断されたことです。医者からは、激務を避け閑職に移れ、とアドバイスされました。私は無謀な賭けに出ました。ちょっと私より腕が上の相手とテニスの試合をしたとき、もし負けたら医者の言うことを聞こう、という心の中での賭けです。試合には勝ってしまったので、私はそのまま激務を続けました。それ以来、人間ドックも健康診断も一切拒否して37年が経過しました。最初の5年間は、毎年会社の健康管理室と大喧嘩でした(そのうち向こうがあきらめました)。いまでも、あの心臓病はいったい何だったんだろう……と時々思い出しますが、お陰様で元気に過ごしています。

これも、社会におけるごく普通の医療サポートをすっぱりと断ち切っているわけであり、「ひとりぼっち」の特性のあらわれです。2006年にソニーをやめてからは、国民健康保険にも加入せずに、無保険で過ごしました。

「直面期」のふたつ目のエピソードとして、家族離散を経験しています。ちょうど、事業部の実質上の責任者を任せられたのですが、それまでは研究開発しか経験していなかったので商品設計も、ビジネスのイロハも知らず、毎日強烈なストレスにさらされていました。おまけに子分になることを拒否したために、副社長からは執拗ないじめを受けていました。

精神的にはかなり追い込まれていましたが、「ひとりぼっち」の特性上誰にも言えず、ひとりで耐えていました。救いは天真爛漫な子どもたちだけだったので、家に帰ると子どもたちとべったりでした。いまから振り返ると、子どもと遊ぶことで、かろうじて精神のバランスを保っていたのでしょう。しかしながら、まだ依存が残っていて寄りかかってくるパートナーを受け入れる精神的な余裕がなく、次第に距離が開き、ある日突然パートナーが子どもを連れて実家に帰ってしまいました。私は子どもがいなくなってパニックになりました。

仕事では、慣れないながら、業務用のマルチチャンネル・デジタル録音機を開発して商売の準備をしていましたが、世界中どこの録音スタジオに行っても、CDの発明者として破格の待遇を受けていました。表の世界では、スティービー・ワンダーやフランク・ザッパなどの著名なミュージシャンと丁々発止とやりあい、デジタル・オーディオの技術規格を決める国際会議を牛耳り、デジタル・オーディオの世界的な権威として、胸を張って飛び回っていました。

このような外における華やかな活躍とは裏腹に、会社が終わると、毎晩誰もいない暗い家に鬱々と帰っており、孤独を噛み締めておりました。2年後には、また同居しましたが、結局この時の傷は修復できず、20年以上たって子どもが成人して独立した後には別居しています。別居のやり方も、何のいさかいも話し合いもないままに、ある日突然ぽっと家を出る、という「ひとりぼっち」特有の傾向が出ています。

ただし、完全に断絶したわけではなく、いまでも年に数回は孫も含めて家族全員で食事をしています。

「直面期」の3つ目のエピソードは、自分が育てた業務用オーディオ機器の事業部から突然追い出されたことです。この人事には、正直いってびっくり仰天して、かなり落ち込みました。事業本部長は、次の人に代わっていましたが、そのブレーンをやれ、と副社長に言われました。その指示を拒否して、自分で行き先を探し、コンピュータ関連のビジネスを始めていた事業部に転籍しました。副社長の影響下からようやく脱出したのです。事業本部長は、温情のある人で、私が移るときに裸一貫では気の毒だといって、3人のエンジニアを連れていくことを許可してくれました。

ところが副社長は、それを許さず、その3人を別のプロジェクトにもぎ取っていきました。でも、この時事業部を追い出されたおかげで、私は、その後一世を風靡したNEWSというワークステーション（専門家向けコンピュータ）を成功させ、オーディオからIT関係に専門を広げ、その後AIBOの開発につながりました。もし、追い出されなかったら、定年まで業務用オーディオ機器のビジネスをやったかもしれません。

なお、この時もぎ取られた3人のエンジニアは、その後AIBOの開発を再び一緒にやりました。

本を書き始めた自己統合期

ちょうどNEWSを開発している頃から本を書き始めました。当初はCD開発の裏話をペンネームで書いていたのですが、私であることがばれてしまい、社長に呼び出されて、「書くな」と厳命されました。でも、ベストセラー連発で馬鹿にならない収入もあり、やめられなくなっていました。いまよりはるかに本が売れた時代であり、初版が2万8000部ということもありました。

会社に関係ないことならいいだろうと思い、量子力学が発展してきた結果、科学が宗教に近づいてきた、という趣旨の本を書き始めました。『ここまで来た「あの世」の科学』（祥伝社）という本を書いたとき、『般若心経入門』という大ヒットを飛ばしていた臨済宗の僧侶、松原泰道師（1907－2009）に推薦文を依頼しました。師は、素晴らしい推薦文を寄せていただいただけでなく、それを取りに行った編集者に次のように語りました。

「これは恩書です。人に恩人があるように、本にも恩書があります。私はこの歳（当時86歳）になって、こんな恩書にめぐり会えるとは思いませんでした」（1994年8月）

この言葉は、結構私に衝撃を与えました。それまでは、ほとんど企業の価値観の中で生きてきました。社長に「本は書くな」と言われ、先輩からも書くのをやめないと出世に響くと言われ、それでも本を書く魅力と我欲に抗しきれずに悶々としていた私に、企業の価値観とは全然違う価値観があることを教えてくれたのです。私が書く、つたない本を、天下の高僧がこれほどまでに喜んでくれる、という驚きでした。

これを契機に私は、少しずつ企業の価値観を離れていきました。交代した次の社長からも「本を書くな」という指示が来ましたが、今度は確信犯的に「はい、わかりました」といって、実際には書き続けました。会社の中における出世よりも、広く社会にアピールしたい、という気持ちが強くなっていたのです。

これは表面的には、私の自己顕示欲が企業内の出世から、社会全体へのアピールにシフトしただけともとらえられますが、ちょっと違うような気がします。本を書きたいというのは、結構、魂の底からこみあげてくる声であり、それが企業の価値観に、あるいは社長からの指示に打ち勝った、という側面もあります。

この頃から「自己統合期」が始まっています。

講演中に涙をこらえられず、体現期へと

冒頭に述べた、S・グロフの呼吸法の名前を借りた天外の医療改革は、「医療者が患者の実存的変容を密かにサポートする」という、とてもややこしい内容でした。そんなことをしても保険の点数はつかないし、密かにやるので患者にも言えず、宣伝にも使えません。つまり、医療者にとって、何ら実利的なメリットはないわけです。医療者自身が実存的変容に達していないと、こんなバカな医療改革には乗ってはこられません。おまけに、医学部ではそんなややこしいことは教わっていません。

そこで、ハワイで隠遁生活を送っていた伝説のセラピスト、吉福伸逸（1943−2013）を引っ張り出してきて、年に2回ワークショップを開いてもらいました。本人が「疲れたのでやめたい」というまで6年間続けました。もちろん天外は主催者なので、毎回出ました。

2004年4月、私は吉福のワークショップに出た3日後に、松原泰道師が主宰する「南無の会」で基調講演をしました。おそらくワークショップで情動の蓋が開いていたのでしょう。上記の、松原泰道師のお言葉をいただいて、人生が大きく展開したというエピソードを披露した時、私は舞台の上で感極まって泣いてしまいました。講演会で講演者が泣いてしまったら、すべてが止まります。おそらくこの時は5分以上フリーズしていたと思います。

私は、泣いている自分にびっくり仰天しました。ソニーの役員として鎧兜に身を固めて激しく戦ってきており、人前で泣くなどというみっともないことは、いままで一度もなかったし、今後もあり得ないと思っていました。ところが、実際に泣いていると、落ち込むこともなく、悔やむこともなく、心は意外に平静で、妙にさわやかですがすがしい気持ちで、泣いている自分を冷静に観察していました。

客席を見ると、半数くらいの人がもらい泣きをしています。そのうちに客席から盛大な拍手が起こり、私は気を取り直して話を続けました。終わると、多くの人が寄ってきて、素晴らしい講演だったとほめてくれました。松原泰道師に対する私の感謝の気持ちも、単なる言葉による感謝以上によく伝わったと思います。

これは、私が自らの弱さを公衆の前でさらした最初の体験だったかもしれません。それまでは強い自分を演じており、「人前で泣く」などということはとてもみっともない行為で、もし自分がそれをやったら恥ずかしくて自殺をしかねない、くらいに怖れて抑圧していました。ところが、実際に泣いてみると、どうということはなかったのです。これを契機に、少しずつ鎧兜を脱ぐことができていったような気がします。

このあたりから「体現期」が始まっています。


これと並行して、アメリカ・インディアンの長老と出会い、2000年には「聖なるパイプ」を拝領し、精神的なトレーニングを受けておりました。その結果、企業の価値観どころか、資本主義社会の貨幣経済の価値観からも抜け出していきました。社会生活の中ではほとんど表には出しませんが、いまでは心の底はかなりインディアン・フィロソフィーに染まっています。

自分では、何かを計画したり、夢を追ったりせずに、さしたる努力もしないけど、上手に宇宙の流れに乗っていく「インディアン・スタイル」と呼ぶ生き方も身に着けました。

その間の意識の成長の様子は、『日本列島祈りの旅　1　先住民の叡智を学び、アイヌの英雄シャクシャインの御霊の封印を解く』（ナチュラルスピリット）に書きました。まだまだエゴが強く、自己顕示欲も半端ではないのですが、少しずつ「統合」に近づいていったように思います。

そして、自己表現期へ

2006年に42年間勤務したソニーから引退すると、すぐに本名の「土井利忠」の生前葬を執り行いました。そして、土井利忠で出していた約1000通の年賀状を全廃し、ソニー時代に築いた人間関係をすっぱりと断ち切りました。過去の成功体験からも、しがらみからも離れて、ペンネームの天外伺朗一本で生きていく、という決断です。心の底の価値観が、いまの競争社会の常識からインディアン・フィロソフィーにシフトしていたことが背景にあります。

これも「ひとりぼっち」のメンタルモデルならではの、かなり思い切った決断でしたね。ただ、このときは、母親やグライダーを断ち切った時のような悲壮感はありませんでした。心の底の価値観と一致する生き方へのシフトはむしろ爽快でした。

おそらく、このあたりから「自己表現期」がスタートしているのでしょう。

あれから13年たって、天外伺朗の名前で出している年賀状が、また1000通を超えるようになりましたが、以前に比べると交友する層が明らかに変わってきています。「適合期」に甘んじて満足して、戦いに没頭している人たちが極端に減りました。そういう人たちは、天外塾には来ないからです。「直面期」以降、それも「統合」に近い人たちが圧倒的に増えています。これは私にとって、とても居心地のいい環境です。

みぃちゃんを講師にお招きして、「由佐塾」を開催するようになってから、「ひとりぼっち」というメンタルモデルは、「人々にワンネスという世界を示す」というミッションを担っている、ということを学びました。自らが「統合」に近づくにつれ、他の人が「統合」に向かうお手伝いをするようになる、という意味です。

そう言われて初めて気づきました。2005年から始めた「天外塾」は、当初は企業経営者に「フロー経営」をお伝えする経営塾だったのですが、いつの間にか塾生の実存的変容を促す「生き方塾」に衣替えしておりました。経営者以外の参加も増えています。

1997年から続けている「ホロトロピック医療改革」は、当初から「患者の実存的変容を医療者が密かにサポートする」ことをうたっていました。故・池見酉次郎医師が「癌の自然寛解には患者の実存的変容が必要だ」と述べたことを逆手にとって、「病気は実存的変容のための絶好のチャンスになる」というスタンスを貫いています（まえがき参照）。

2008年に上梓した拙著『教育の完全自由化宣言！』（飛鳥新社）からスタートした教育改革は、当初は企業経営で気づいた「フロー」という現象を教育の世界に応用していましたが、やはり子どもたちの意識の成長が教育の最大の課題だ、というフィロソフィーを追求しています。

様々な本を書いてきましたが、「宇宙は全体としてひとつの生命体」という、ちょっとトンデモ的な説を展開しています。これは、まさに「ワンネス」の主張ですね。

２０１６年から始めた「日本列島祈りの旅」は、かつては日本中にアイヌが住んでおり、大和民族が戦って北海道まで追い上げていった……、その時虐殺されたアイヌの怨念が封印された場所が日本中に残っており、それを開放する旅を始める、という趣旨でした。詳しく分析していくと、私たちは自然死の場合には、死の直前に分離していたエネルギーを統合するのですが、虐殺された場合には、分離されたエネルギーが肉体を失った後も残ってしまい、地縛霊になるようです。つまり、地縛霊を供養することは「分離」していた死者の魂を「統合」へ導く活動だったのです。

思えば、技術開発に明け暮れた42年間のソニー時代とは打って変わって、晩年の私は、人々(死者を含む)を「統合」に導くお手伝いを、あの手この手でやっている、ということに気づきました。まさに、みいちゃんの言う通り、「自己表現期」に達して「ひとりぼっち」のミッションを淡々と遂行する人生になったようです。

これは、とても充実して楽しい人生です。

14章

「メンタルモデル瞑想」から「あけわたし瞑想」へ

天外伺朗

「メンタルモデル瞑想」の進化

本書が版を重ねるのにつれ、「メンタルモデル」という言葉が広まり、人生の旅路が豊かになったという人が増えました。その中でも特に「メンタルモデル瞑想」に関しては、その後の発展がとても激しく、14章は全面的に書き直しました。

本書は、人は、痛みを回避するために「否定的な信念体系」を無自覚に形成しており、それを「紐解き」で開放するという、みいちゃんの発見がベースです。

それに対して天外は、誰かに紐解いてもらうのではなく、自らが瞑想をして変容していく、という方法論を開発し、2016年から「天外塾」で実施しています。これは、当初から驚くほどの成果を上げ、「天外塾」塾生だけでなく、本を読んで実行する人を含めて多くの瞑想者が育ちました。

具体的には、4つのメンタルモデル、それぞれにぴったりの「スートラ（祈りの言葉）」を造り、瞑想に入ってそれを唱え続けるという方法論です。毎日実行して、早い人は数か月で、自分にぴったりのスートラが降りてくることが観察されました。その中のめぼしいスートラをピックアップして、作者名付きで一般にも公開していましたので、極めて大勢の「メンタルモデル瞑想コミュニティ」が形成されていきました。

皆さんに自然に降りてきたスートラは、我々が造ったスートラよりも人気があり、特定のスートラに多くのファンが群がりました。

難点は、4つのメンタルモデルのどれに属するかを決めるプロセスでした。ダイアログで時間をかければ、だいたい判明しますが、20～30名の「天外塾」塾生それぞれを決定するのにおびただしい時間を要し、セミナーを圧迫します。本を読んで実行する人は、なかなか自分では決められません。

そこでアンケートにより自ら決定できるようにする試みを実施しました。実施するたびにアンケートの文章を少しずつ変え、3年以上にわたって改良に改良を重ねましたが、残念ながらなかなか精度が上がりませんでした。結局、それぞれの個人が自分に対して持っている自己認識が揺らいでいるので、アンケートによるメンタルモデルの決定には限界がある、という結論に達しました。

そのうちに、降ってくるスートラの中に、4つの否定的信念体系から中立、もしくは関係ない言葉がちらほらと現れるようになりました。これは、ひとつの方向性を示しているので注目をしておりました。

さらには、降ってくるスートラが「否定的信念体系」から「ライフミッション」に進化していく人がぼちぼちと出てきました。

どういうことかというと、「メンタルモデル瞑想」を続けているだけで、「実存的変容」を超えることがある、ということです。それまで「天外塾」では「親殺しの瞑想」とか「天敵瞑想」などの、どちらかというと、かなりヘビーな瞑想を、毎朝・毎晩実行してようやく「実存的変容」を超えていたのですが、「メンタルモデル瞑想」という極めて軽い瞑想でも十分効果があるということです。

「ライフミッション・スートラ」もコミュニティに公開したのですが、残念ながら他の人のスートラを借用して瞑想しても効果がないことがわかりました。したがって、自分にピッタリ合う自分専用の「ライフミッション・スートラ」が降りてくるのを待つより仕方がありません。

「メンタルモデル」は、4つの否定的信念体系に収束できていたのですが、「ライフミッション」の方は、一人ひとりの言語的な表現が違うようであり、発散気味です。

メンタルモデルとは直接関係ないのですが、「天外塾」塾生で、老人介護施設を経営しておられる忌部直宏さんは、プライド高い老人たちがなかなか素直に介護サービスを受けてくれないので悩んでいましたが、トイレに次のような張り紙をすることによって、皆平気で「ダメ人間」をさらせるようになり、介護活動がとてもスムースにできるようになった、と報告してくれました。

老人介護のための標語

私は、ダメな自分がいてもいい、弱い自分がいてもいい、人の役に立てなくてもいい、それでも私は、愛されているから、守られているから、皆が助けてくれるから。

この言葉は、「メンタルモデル瞑想」のスートラに使えると直感的に思いました。４つの否定的信念体系から中立なのも魅力的です。試しにこれを「瞑想コミュニティ」に紹介したところ、圧倒的な人気スートラになりました。

この頃になると、スートラを何万回も唱えているベテランが数多く出現しておりましたが、彼らにより、この忌部さんのスートラから出発して、極めて多くの派生スートラが提案されました。その中で、特に際立ったのが、かえつ有明中・高等学校の副校長、佐野和之さんの通称「へなちょこスートラ」です（左記）。

佐野和之さんの「へなちょこスートラ」

褒められなくてもいい、ちっちゃくてもいい、卑怯者でもいい、自分勝手でもいい、責任果たさなくてもいい、価値出さなくてもいい、役に立たなくてもいい、負け犬でもいい、こんなダメダメな自分でも大丈夫、守られているんだから。

このスートラは、公開するとたちまち大人気になりました。これを累積何万回も唱えている人は、一様に意識が大きく変容し、とても効果が高いことがわかりました。もちろん、どのメンタルモデルにも属さない中立なスートラです。

「天外塾」では、それまで「メンタルモデル瞑想」を全員で実行していましたが、このスートラを使った瞑想に全面的に切り替えました。どのメンタルモデルに属するか調べる手間が省け、たくさんあるメンタルモデル・スートラから自分に合うスートラを選ぶ必要がなくなったので、手続きがとても簡易化されました。もちろん、ベテランたちはすぐさま、これを出発点として自分独自のスートラを工夫しました。ベテランではない人にも、自分にピッタリ合うようにどんどんスートラを改変することをお薦めしています。

もうここまでくると、当初の4つの否定的信念体系とは無関係になってきたので、新たに**「あけわたし瞑想」**と命名しました。

「メンタルモデル瞑想」が、忌部さんのスートラを経て「あけわたし瞑想」に推移していく様子は、2024年末に上梓した『あけわたしの法則』(内外出版社)に詳しく書きました。

「あけわたし瞑想」の動作原理

さてそれでは、この「あけわたし瞑想」が、どういう原理で動作するのかを解説しますが、その前に人が他人の言葉にどうして傷つくか、を見てみましょう。

ネガティブな言葉に傷つくということは、本心ではその通りだと思っているのに、「そうじゃないぞ！」という虚飾を表に掲げているからです。その虚飾がバレるのがつらいのです。詳しくは拙著『「鳥の瞑想」で開く第三の視点とメタ認知の奇跡』（明窓出版）に書きましたが、それを説明する図面を示しましょう（「多重の我」の図）。

みいちゃんは、「適合OS」など、人間の深層心理を「現象面」から解析しましたが（これはかなり斬新な発想）、この図面は「発生要因」から解析している深層心理学を拡張しています。つまり、同じものを表から見るか、裏から見るかの違いです。

一番内側の**「真我」**というのは、本書ではみいちゃんが「命」とか「源（ソース）」とか表現していますが（P39）、「無条件の愛」の源であり、ユングが「神々の萌芽」と呼んだ人間の本質です。「真我（アートマン）」という呼び方はヒンズー教からきています。

その次のレイヤーが、一般の心理学では「シャドー」と呼ばれている**「自己否定観」**にさいなまれている「我」です。抑圧すると巨大化することから、私は**「シャドーのモンスター」**と呼んでいます。**「自己否定観」**は不快なので、「悪い」というレッテルを張って排除しようとしています。

ところが、別の面では**「自己否定観」**が源の**「怖れと不安」**に駆られて能力を上げ、成果を上げている面もあり、「努力」、「頑張り」、「向上意欲」などの強力な推進力もこのレ

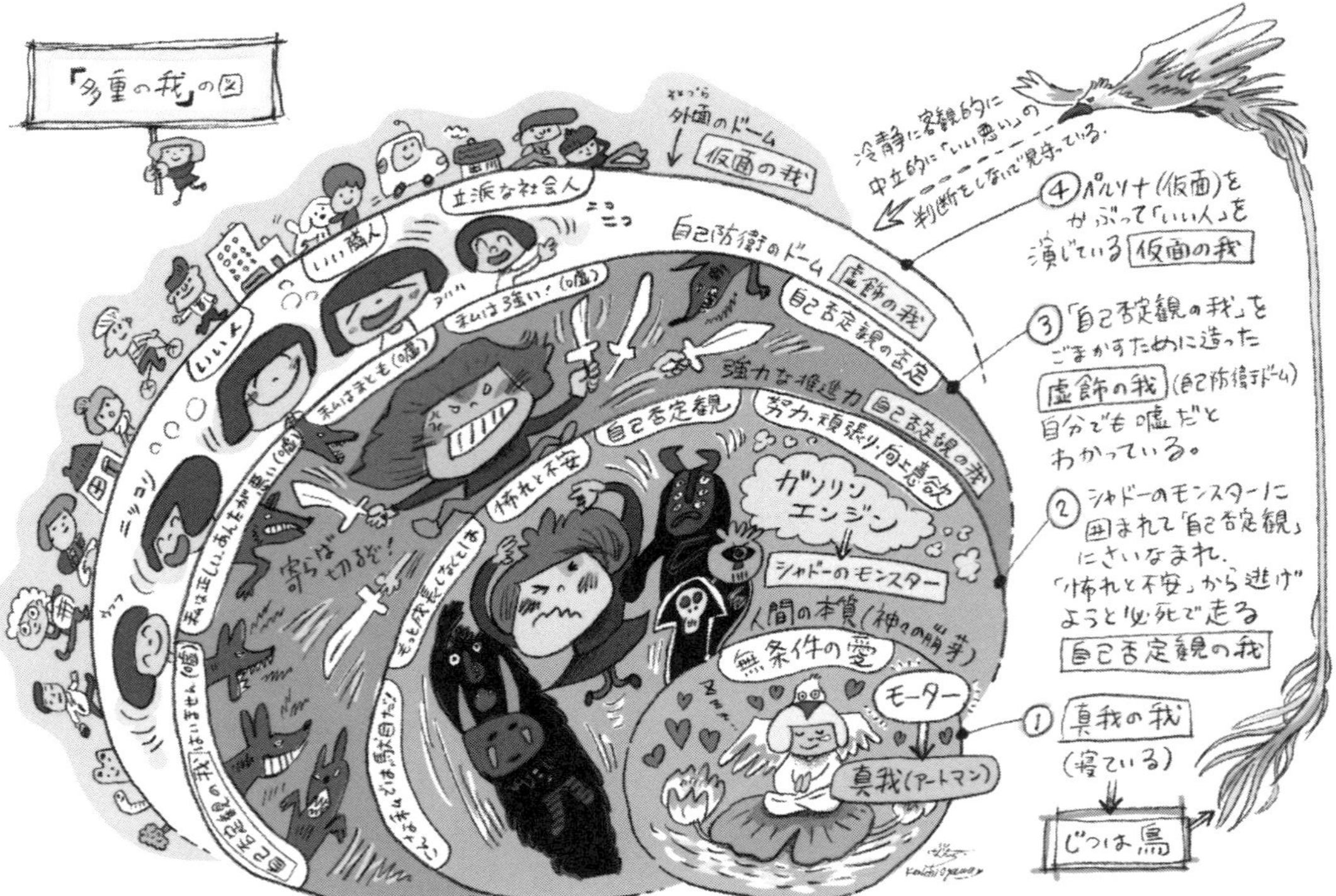

「多重の我」（天外伺朗『「鳥の瞑想」で開く第三の視点とメタ認知の奇跡』明窓出版より）

イヤーから出てくるので、無視はできません。

その次のレイヤーが、他人の言葉で傷つく原因の**「虚飾の我」**です。これは一見ポジティブですが、自分でも嘘とわかっているもろさがあります。

また、**「自己否定観」のレイヤーの自分**を覆い隠して、それが表にばれるのが嫌なので、常に戦闘的になっています。

剣を持っているのがその象徴です。NVC（Non Violent Communication）でいうジャッカル（対立や緊張につながる言葉を発する源）はこのレイヤーにいます（図参照）。

その外側が、心理学でいう「ペルソナ（仮面）」であり、「いい人」、「良き隣人」、「立派な社会人」のふりをして、私たちはつつがなく社会生活をしています。**「虚飾の我」＝「自己防衛のドーム」**が戦闘的なのに対し、**「仮面の我」**は、外向きにいつもニコニコと笑顔を保っています。

「実存的変容」というのは、「こうあるべきだ」という境界と、「こうあってはいけない」という境界が両方とも薄くなることです。「こうあるべきだ」という境界は、図では**「仮面の我」**が担当しています。これが薄くなると、「立派な社会人」、「良き隣人」というイメージが破綻します。

「こうあってはいけない」という境界は、**「虚飾の我」**が担当しています。これが薄くなると、

「ダメ人間」を平気でさらすことになります。前記「へなちょこスートラ」は「ダメ人間のススメ」ですね。意識の変容といっても、聖人のようになるのではなく、むしろ逆方向なのです。

「あけわたし瞑想」というのは、この**「虚飾の我」**＝**「自己防衛のドーム」**と**「仮面の我」**の両方を弱め、裸の**「自己否定観の我」**を認める、というワークになります。**「自己否定観の我」**が抑圧されないで認められると、その奥にある**「真我の我」**が活性化し、「無条件の愛」が表に出てきます。

「虚飾」や「仮面」を削ぎ落した状態を「素」といい、その人のそばにいるととても居心地が良くなります。多くの人に慕われている人は、この「素」を獲得していることが多いでしょう。「あけわたし瞑想」のやり方を下記にまとめます。

「あけわたし瞑想」

毎朝・毎晩、左記の瞑想を実行します。

1. 最初にマントラを唱えて軽い瞑想に入ります。
マントラは「ナムアミダブツ」、「ナムミョウホウレンゲキョウ」、「アーメン」、「ハレルヤ」、「ギャアテイ・ギャアテイ・ハラギャアテイ・ハラソウギャアテイ・ボウジソワカ」（般若心経のマントラ）、「カンナガラタマチハエマセ」、「トホカミヱヒタメ」（神道のマントラ）、「オム・マニ・ペメ・フム」（チベット密教のマントラ）、など何でもよいのですが、特にこだわりがなければ稲盛和夫氏が小学校のころ授かったという隠れ念仏のマントラ（左記）がお薦めです。

「ナンマン・ナンマン・アリガトウ」

このマントラだと72回唱えると軽い瞑想状態に入れます。「アーメン」などの短いマントラだと１０８回は必要です。マントラは声に出す必要はなく、心の中で唱えます。

2. 左記のスートラを１０８回唱えます。声を出さなくてもＯＫです。

「褒められなくてもいい、ちっちゃくてもいい、卑怯者でもいい、自分勝手でもいい、責任果たさなくてもいい、価値出さなくてもいい、役に立たなくてもいい、負け犬でもいい、こんなダメダメな自分でも大丈夫、守られてるんだから」

3. 最後に合掌し、静かに呼吸し、スートラが身体にしみこむイメージをします。

4. スートラを合計５０００回程度唱えると、何らかの効果が実感できます。

（毎朝・毎晩１０８回ずつだとおおよそ１か月）

あとがき

この本は、1年前の2018年の夏には書き上げているはずでしたが、1年遅れで令和の時代が始まった今、ようやく書き終わることができました。日々多くの場で様々な人たちの内面世界に関わっていると、毎回新たな発見や理解があり、自分の表現はそれを受けて常に変化していきます。

この本を書き始めても、しばらくしてまた開いて読むと上書きしたくなり、半年以上これを繰り返しているような状態でした。自分の場作りの一貫したスタンスは完全即興型で、もともと内容を決めずにテーマだけで場を作り、集まる人たちがその場で分かち合ってくれるそれぞれの中にある関心や課題を聴きながら、その瞬間に感じた事からその場で今日は何を扱うのか、何を話すかが自分の内側を通して引き出され、言葉が紡がれてその場に現れてくるというものです。

自分にあることをただ自分が表現したいように書き表していく、という本を書く作業は、引き出して受け取ってくれる人たちが目の前にいない、関心や意識に合わせて表現をチューニングすることができないプロセスです。一体どうしたらそこに書き表されたものに対してこれでいいと自分は納得できるのか、試行錯誤のプロセスでした。長い間お待たせして申し訳ないと思いながら時間だけが過ぎ、２０１９年に入ってようやくこれが伝えたいことだ、という内容を文字に書けるようになりました。今、こうして形になったことにほっとしています。

メンタルモデルは、人生で抱えている人の悩みや課題を聴く中で、現実がどのように内面的な構造から生み出されているのか、を紐解こうとした過程で発見していったものです。目に見える人の行動や行為、そこに表出する特性から人間を見るのではなく、その人の現実に起きた事象から無自覚に誰もが根っこに抱えている痛みと、そこから分離するために作り出された無自覚な信念を個別に紐解く、というアプローチをとっています。したがってこの本に書いたことは、自分の人生を分かち合ってくれた数えきれない方々の生命が教えてくれたことから生まれた叡智が言語化されたものです。

現実で体験する不本意な事象は内側の構造から創り出されている。その構造を可視化して理解するだけで現実に対する認知が変わり、不本意な現実は自然に変化する。それが、この17年間人と向き合ってきた体験が教えてくれた事実です。

１０００人を超える個人の内面構造の紐解きセッション、月20日以上ファシリテーションをしている組織の中の研修やワークショップ、一般向けに開催している様々な場などにおいて、人間の内面構造を探究することで進化してきたメンタルモデルの理解は、「人は何のためにこの世界に生まれてきたのか」という、一般的には決して論じられることのない問いに対する答えを提示していました。

　あらゆる現実の体験を通して人の内面の意識は変化し、進化し続けている。そのレンズから個々の人生に起きていることや、これまでの体験を紐解くと、この人生でその人がどんな進化を遂げ、本当はどんな世界をもたらしたいのかという痛みの裏にある願いや使命が見えてきます。人生に起こる一見偶然に見える縦糸にあたる出来事と、一貫して横糸として流れているその人の魂のテーマや目的が立体的に見えてくると、その人の唯一無二の人生のデザインの美しさにいつも感嘆と畏怖の念を覚えます。

　人知を超えた大きな流れの中で、個別の事象が起こるタイミングにも大きな力が働いていて、全く偶然はありません。この世界の生命を司る「源」と呼ばれるものと、個々の身体を持った人間の肉体の中にある個別の命は現実を共創造し、人間の内側の感じる空間を通して常に理解と進化を促しています。私たち人間はこの社会に適合して終わるのではなく、ひとり残らずこの地球にいる全員がここにもたらしたい世界を持って創造者として生まれてきている。これは、この17年間で関わった人たちの人生を紐解かせてもらったことから炙り出された真理だと捉えています。

　私たちが生きる今の社会における幸せは、経済的な充足や社会的なステータスなど、いかに人生を物質的に不足のない、快適な状態にできるのか、に主眼が置かれています。しかし、人間の内的構造を不本意な現実から紐解くと、人生は過去の原体験からの解釈が創り出した痛みの回避に使われているだけ、ということが真実です。

どんなに世の中で賞賛される素晴らしいことをしていても、どんなに成功していても、この痛みを感じないように切り離そうと生きる限り、私たちは永遠に不本意な現実を根本から変える力を持ち得ません。そして自分の本当の使命に気づくことも、それを果たして生きるという段階まで進化を遂げ、真の充足と幸せを得ることはできないのです。

今生きている人間が個人レベルで痛みを回避するための能力をひたすら卓越させ、不本意な現実をエスカレートさせ、それを変える力をもてていない状態であることを踏まえると、人類全体としても今、不本意な現実が深刻化するエスカレーションをまっしぐらに進んでいるということだと思います。外側でどんな優れた解決策を打ち出して行動しても、この世界に起きている不本意な現実を是正することができない。打ち手がないという現実に直面する時は既に不本意な現実の深刻さはピークを迎えていることでしょう。

私の願いは、そこまでいく前に、痛みの回避に自動的に駆り立てられた行動に人生を使い果たすのではなく、この内面から現実は変えられる、自分が本当にこの人生で創造者として生きることができる自己理解と、自分の内面を扱う技術を人間が持ち、そこから日々を生きられる状態が当たり前になっている世界を創り出すことです。痛みを避けるために不快感を排除して利便性、効率性を求めて発展してきた社会は、痛みをあっていいものとして感じられる自己共感と、そこから他者の痛みの深い理解から人間に関わることができるリテラシーを持つことで、次の姿に進化していくはずです。

一人ひとりがこの世界をより望ましい場所にするために役目を持って生まれてきた。一人ひとりのそのお役目は担当領域のようになっていて、その人がそのミッションを生きることが果たされると、パズルのピースがはまるように人類すべてが望んでいる方向へと世界は変化していく。もし人がその人間理解をもつことができたら、この世界は全く違う様に変わっていく可能性があると思っています。

この本に書いているメンタルモデルは、Human OS Migration Technology（ＨＭＴ）と名付けた、痛みの回避のために自動的に作られた幼少期からの生存適合のための内面のシステムから、生命の源につながって生きるという創造者としての内面のシステムへと、人が機能しているＯＳ（オペレーションシステム）をシフトさせるために見出してきた内面を理解する技術の一部に過ぎません。ＨＭＴでは、目に見える行動や行為から人間を理解しようとするのではなく、目に見えない世界にある普遍的に人間が抱える痛みに着目し、そこから人間が本来持っている感じる世界からinner knowingと呼ばれる内なる叡智につながって生きるには、どういう内面理解や内面を扱う技術が必要なのかに着目し、それを探求し、そのための具体的なやり方を探して体系化しています。

これからメンタルモデルの理解も含め、この内面を扱うテクノロジーを体得している「テクノロジスト」と呼べる人材を養成していくつもりです。したがってこの本に書いていること以外にもお伝えしたいことがたくさんありますが、それらについては定期開催している講座やウェブサイトなどを通して触れていただけたら嬉しく思います。

最後に、主催されている天外塾でこのメンタルモデルを経営者の方々に分かち合う場を毎年作ってくださり、この本を共著で出そうと形にしてくださった天外伺朗さんと、毎回その場に動画撮影に来てくださって辛抱強く原稿が上がるのを待ち続けてくださった内外出版社の編集者の関根真司さんに心からお礼を申し上げます。そして、いつも飛び回っていてほとんど家にいない自由人を献身的に支えてくれている最愛の家族、本が進まない！とずっとストレスを抱える私を励まし続け、書いた原稿を推敲してくれた(株)ＬＬＴ代表の河本伸也はじめ、この世界観を一緒に広げようと共にいてくれる仲間たちに心からの感謝を。

これからの時代の鍵は人の意識変容にあります。分離が支配する今の世界から、すべての生命がひとつにつながっているという認識へと変容し、自分たちが生きるこの美しい世界の創造者として、内なる生命の声を源とした人生を全うできる進化した人間と、そこからつくり出される世界の出現を願ってやみません。

２０１９年６月
由佐美加子

由佐美加子（ゆさ・みかこ）

ザ・メンタルモデル開発者。野村総合研究所、リクルートで勤務した後、グローバル企業の人事部マネジャーを経て現職。10年にわたり、年間250日以上ファシリテーターとして場に立った経験と、1000人以上の個人セッションから見出した、「HMT」と名づける無意識下にある内面世界を紐解くための技術を体系化。さまざまな切り口で経営者、企業のエグゼクティブや管理職、一般向けに分かち合い、個人と社会の意識の変容をもたらす活動をしている。また、新しい人間観を元にした親子向けの会員制コミュニティ、じぶん共創塾を主催。著書に『無意識がわかれば人生が変わる』(前野隆司氏との共著、ワニ・プラス)、『ザ・メンタルモデル ワークブック』(中村伸也氏との共著、オオルリ社)、『お金の不安と恐れから自由になる』(ワニブックス)、訳書として『U理論』(英治出版)がある。合同会社CCC (Co-Creation Creators) 代表、株式会社LLT パートナー。

※Human OS Migration Technology(HMT) 公式サイト：http://hmt.llt.life/

＊公開個人セッションのYoutubeチャンネル「今日斬り」
http://www.youtube.com/@---hd8re

天外 伺朗（てんげ・しろう）

工学博士(東北大学)、名誉博士(エジンバラ大学)。1964年、東京工業大学電子工学科卒業後、42年間ソニーに勤務。上席常務を経て、ソニー・インテリジェンス・ダイナミクス研究所(株)所長兼社長などを歴任。現在、ホロトロピック・ネットワークを主宰、医療改革や教育改革に携わり、瞑想や断食を指導し、また「天外塾」という企業経営者のためのセミナーを開いている。著書に、『幸福学×経営学』『人間性尊重型大家族主義経営』『無分別智医療の時代へ』(内外出版社) など多数。

ザ・メンタルモデル

発行日　2019年9月9日　第1刷
2025年4月25日　第6刷

著　者　由佐 美加子　天外 伺朗

発行者　清田 名人

発行所　株式会社 内外出版社
〒110-8578　東京都台東区東上野2-1-11
電話 03-5830-0237（編集部）
電話 03-5830-0368（企画販売局）

印刷・製本　中央精版印刷株式会社

ISBN 978-4-86257-475-6